오천집 梧泉集

권진옥權津鈺

1979년 경북 영천 출생. 고려대학교 한문학과를 졸업하고, 동 대학교 국어국문학과에서 「택당 이식의 변문·고문 연찬과 산문 창작의 실제」로 석사학위를 받았고, 「균산 이유원의 학문 성향과 유서·필기 편찬에 관한 연구」로 박사학위를 받았다. 역서로는 『낙전당집』, 『어우집』 등이 있다. 고려대학교 민족문화연구원 연구원을 거쳐 현재 단국대학교 동양학연구원 고전번역연구실 연구원으로 재직 중이다.

오천집梧泉集

2017년 2월 20일 초판 인쇄
2017년 2월 25일 초판 발행

옮긴이 _ 권진옥
펴낸이 _ 장호성
기　획 _ 이재석
제　작 _ 정진형
편　집 _ 성두현
마케팅 _ 박보혜
펴낸곳 _ 단국대학교출판부
등　록 _ 1968.2.27 : No. 제03-00095호
주　소 _ 경기도 용인시 수지구 죽전로 152
전　화 _ 031-8005-2405
팩　스 _ 031-8021-7154

값 20,000원

ISBN 978-89-7092-577-6 94800
ISBN 978-89-7092-506-6 (세 트)

* 이 도서는 2016학년도 단국대학교 교비 지원으로 출판되었음.

동양학 번역총서 4

오천집 梧泉集

권 진 옥 역
단국대학교 동양학연구원 편

단국대학교출판부

간행사

단국대학교 동양학연구원은 한·중·일 삼국을 중심으로 한 동아시아의 역사와 문화에 대한 연구 사업을 위해 1970년에 설립되었다. 설립 이후 한국에서만 사용된 『한국한자어사전韓國漢字語辭典』과 세계 최대의 한자사전인 『한한대사전漢韓大辭典』을 편찬한 것을 비롯하여, 희귀한 자료를 발굴 정리한 『동양학총서』, 전문 연구서인 『동양학연구총서』와 『동양학학술총서』 등 각종 자료집과 학술서를 간행해오고 있다. 이와 더불어 귀중한 한국의 전적을 번역하고, 이를 『번역총서』로 간행하는 사업도 추진하고 있다.

이번에 번역총서 제4권으로 『오천집梧泉集』을 간행하게 되었다. 『오천집』은 정조正祖~순조純祖 연간에 활동했던 유금柳琹(1771-1835)의 문집으로, 이가원 선생이 본교에 기증한 연민문고에 들어 있는 자료이다. 유금의 문집은 아직 학계에 공개되지 않은 새로운 자료이고, 필사본으로 되어 있다. 이를 번역하고, 주석과 해제를 덧붙여 유금의 호를 따서 『오천집』이란 이름으로 간행하였다.

유금이란 인물은 19세기에 천안의 목천 지방에서 활동했던 문인으로, 조선 중기의 뛰어난 문장가로서 야담을 집대성한 『어우야담於于野談』의 저자 어우당於于堂 유몽인柳夢寅(1559-1623)의 7대 방손이다. 그의 부친 만화당晩華堂 유진한柳振漢(1711-1791)도 뛰어난 문인이었다. 유진한은 호남 지방을 유람하면서 판소리와 한시 등을 수집 정리하였고, 이 중 「춘향가春香歌」는 일찍부터 학계의 주목을 받아 많은 연구가 이루어졌다.

유금도 이러한 집안의 내력 때문인지 문재文才가 남달랐다. 유금은 유몽인의 산일된 글을 수집, 편차하여 『어우집於于集』을 간행하기도 하였다. 그리고 출사하지 않고 평생 세거진인 목천 지방에 거주하며 친척 및 벗들과 함께 시사詩社를 가지면서 많은 시문을 남겼다. 『오천집』은 그가 남긴 시문詩文을 비롯하여, 선대들의 업적을 현양한 각종 글들을 모아 번역한 것이다. 이는 유금과 그의 집안뿐만 아니라, 목천 지방을 중심으로 한 지역학 연구에도 귀중한 자료가 아닐 수 없다.

본교에는 한문 전적 자료들이 많이 있다. 연민문고를 비롯하여 도서관과 본 연구원에서 수집 소장하고 있는 한문 전적 자료들이 수없이 많다. 본 연구원은 이러한 한문 전적 자료들을 번역하기 위하여 별도의 번역실을 두고 번역 작업을 추진하고 있다. 그러나 번역이라는 작업이 워낙 품이 많이 들고, 연구원들의 집중적인 노력 없이는 성과를 내기도 쉽지 않다. 그야말로 노다공소勞多功小한 작업이라 할 수 있다.

어려운 여건이지만, 본 연구원에서 이러한 번역작업을 수행하는 데는 이유가 있다. 우선 본 연구원은 세계 최대 한자사전을 편찬한 곳이고, 한자와 관련해서는 우리나라에서 최고 역할을 수행하는 연구원이라는 자부심 때문이다. 또 본교에 소장되어 있는 귀중한 자료들을 번역하여 학계에 제공함으로써, 학문의 발전에 크게 이바지하여야 한다는 의무감을 갖고 있기도 하다.

『오천집』이 간행될 수 있었던 것은 전적으로 번역실 연구원들의 노고에 의한 것이다. 특별히 번역 작업의 총책임을 맡아 준 권진옥 연구원에게 경의를 표한다. 그리고 설립 이래 일관되게 동양학연구원을 물심양면으로 지원해주시는 장충식 이사장님과 장호성 총장님께 진심어린 감사의 말씀을 올린다. 사업성을 마다않고 출판을 맡아준 단국대 출판부에도 고마운 마음을 전한다.

2017년 2월

단국대학교 동양학연구원장 한시준

일러두기

1. 이 책의 번역을 위한 대본臺本은 단국대학교 연민문고 소장 한문 필사본 『오천집梧泉集』이다.
2. 본서는 해제, 번역, 원문 순으로 편차하였고, 마지막에 영인 원문을 수록하였다.
3. 번역은 최대한 현대 국어로 옮겨 독자들의 가독성可讀性을 높이고자 하였다. 따라서 주석의 경우 반드시 필요한 경우에만 달아두었고, 한자의 사용을 최소화하였으며, 한자를 부기할 경우에도 한자의 크기를 줄여 가독성을 높이고자 했다.
4. 번역 작품은 『오천집』에 수록된 글 가운데 서발문序跋文, 누정기樓亭記, 산수유기山水遊記, 제문祭文, 상량문上樑文, 축문祝文, 고사告辭, 편지글 등 문체별로 작품들을 선별하였다.
5. 번역문과 원문에서 누락된 글자는 글자 수만큼 □으로 표기하였다.
6. 원문에서 누락·마모되었지만 글자를 유추할 수 있는 경우나 오자가 확실하다고 생각되는 경우 해당되는 글자를 ( ) 속에 넣어두었다.
7. 번역·원문과 달리 영인본의 경우 좌철을 하여 원문 확인에 편의성을 도모하였다.

차례

제1부
『오천집梧泉集』 해제解題

단국대 연민문고 소장 『오천집梧泉集』 해제와 유금柳琴의 산문 일고

정조正祖, 순조純祖 연간에 목천木川(지금의 천안시 목천면)에서 활동했던 문인 유금柳琴(1771-1835)이 남긴 저술 가운데 『오천집梧泉集』을 개관하고, 『오천집』에 수록된 산문 가운데 특정한 국면을 포착하여 소개하고자 한다. 기존에 유금과 관련된 연구로는 그의 저술인 『오천집』과 『가정문견록家庭聞見錄』에 대한 해제가 있다.[1] 한편 유금의 부친인 만화당晩華堂 유진한柳振漢(1711-1791)에 대한 연구는 '만화본 춘향가'를 중심으로 진행되고 있으며 최근에는 『만화집晩華集』이 번역되었다. 유진한·유금 부자가 공교롭게 모두 벼슬에 나아가지 못하고 세거지에서 평생을 보냈기 때문에 정치적·사회적 활동의 이력은 한미하고 다만 시재詩才로 명성이 나서 몇몇 인사들에게 거론될 뿐이었다. 이러한 요인 때문인지 학계에서 아직 조명을 받지 못하고 있는 실정이다.

유금은 본관이 고흥高興, 자가 순오舜五, 호는 오천梧泉·석남거사石南居士이다. 그의 부친은 1754년(영조30)에 호남 지방을 유람하면서 견문한 판소리를 한시 「춘향가春香歌」(200구)로 옮긴[2] 만화당 유진한이고, 그의 7세조인 유몽표柳夢彪(1543-1616)의 동생이 바로 어우당於于堂 유몽인柳夢寅(1559-1623)이다.

---

1) 신익철, 「『梧泉集』 해제」, 『단국대 소장 연민문고 〈동장귀중본〉 해제집』, 문예원, 2012, 508-512쪽; 한민섭, 「『家庭聞見錄』 해제」, 같은 책, 858-860쪽.

2) 柳琴의 『家庭聞見錄』 권2, 19조목에 이와 관련된 일화가 보인다. "선친이 계유년(1753) 봄에 남쪽으로 호남을 유람하면서 그곳의 산천과 문물을 두루 살피시고, 이듬해 봄에 집으로 돌아와 「春香歌」를 지으셨는데 결국 당시 선비들로부터 기롱을 받으셨다.(先考癸酉春, 南遊湖南, 歷觀其山川文物, 其翌年春還家, 作「春香歌」一篇, 而卒被時儒之譏.)"

그는 부친의 「행록行錄」을 지었으며, 유몽인의 산일된 글을 수집, 편차하여 1832년(순조32)에 『어우집於于集』을 간행하였다. 또한 1804년(순조4) 비암사碑巖寺에서 간행된 『고흥류씨세보高興柳氏世譜』에 참여하였고, 1817년(순조17) 목천 읍지인 『대록지大麓誌』를 간행할 때 유사로 참여한 바 있다. 목천은 유금의 고조부인 유비柳芘가 목천 만종산萬宗山 아래 살게 되면서 세거지가 되었다.

유금은 유진한이 60세 되던 해 막내아들로 태어났다. 맏형인 집璣과 무려 40세 가까이 나이차가 난다. 유진한의 묘갈명墓碣銘을 살펴보면, 형제 사이에서 유금의 글재주가 뛰어났음을 알 수 있다.

> 장남 집璣은 덕을 감추고 드러내지 않았고, 역𤩲은 양자로 나갔다. 침琛과 금琹은 문학으로 세상에 이름이 났다.[3]

또한 유금의 장자 영무榮茂는 성리학에 조예가 깊었고 문장에도 뛰어났는데, 부친을 도와 『어우집』을 간행하였고 「어우집후집후서於于集後集後敍」를 짓기도 하였다. 유금은 그의 문재文才로 인해 집안 친족들로부터 많은 기대를 받았던 것으로 보인다. 종숙從叔인 철한喆漢은 "집안의 명성은 슬하의 금琹이에게 달려있네(家聲在膝琹)", "공에게 위로가 될 만한 것은 공의 막내아들 금琹이가 집안의 훌륭한 명성을 이을만한 재주를 지니고 있다는 것입니다.(爲公所可慰者, 公之小子琹, 有趾美之才.)"라고 하였고, 재종숙再從叔인 영진榮進은 "막내가 집안의 명성을 이어 크게 울릴 것이네(季胤傳聲庶大鳴)"라고 하였다. 그러나 유금의 부친이 열 번이나 초시初試에 합격하고 세 번이나 천거를 받았지만 벼슬길에 나아가지 못했던 것처럼 유금 자신도 결국 출사하지 못하고, 3년 동안의 서울 생활을 제외하고는 세거지인 목천에서 평생을 살았다. 이러한 이력에는 다음과 같은 부친의 토로가 일정정도 영향을 끼쳤을 것으로 보인다. 유진한은 한 번도 회시會試에 합격을 하지 못하였는데, 유금에게 다음과 같이

---

3) 柳永善, 『晩華集』, 「墓碣銘幷序」. "璣隱德不沽, 𤩲出后, 琛行義孝友, 琳琹文學名世."

말을 하였다.

> 지금은 잠깐 사이에 답안지를 받고는 제대로 평가를 하지 않고 다만 일찍 제출하는 것을 재주로 여기니, 시험관의 변변치 못한 안목이 눠에 쏀 것이다. 또 세월이 흐를수록 점점 더 폐단이 심해져 청탁이 난무하고 뇌물이 공공연히 행해지니, 말세의 과장科場은 불행함이 심하구나.[4]

또한 유금 자신도 부친처럼 번번이 회시에 합격하지 못했기에 아래와 같이 토로하였다.

> 가운家運이 막혀서인가? 세도世道가 쇠미해져서인가? 과거공부에 부지런하고 독실하게 했거늘 당고唐皐의 이른바 독서하면 할수록 합격하지 못한 경우인가? 만약 합격하지 못할수록 더욱 더 독서한다면 반드시 시원하게 설욕할 날이 있을 것이니, 후생들은 힘쓸지어다.[5]

벼슬길에 나아가지 못한 유금의 회한이 서려있다. 실제 유진한 · 유금 부자는 출사의 희망을 접은 채 지역 일대에서 친척 및 친우들과 함께 시사詩社를 줄곧 가지면서 후진을 양성했던 것으로 보인다. 영회당英會堂이 그 구심점이 되었는데, 이곳은 유진한과 유광홍柳光興, 김운재金運載, 남취홍南就興 등이 학문을 연마하고 후진을 양성했던 곳이다. 이 모임은 유금의 시대까지 이어졌는데, 『오천집』에 수록된 「영회당기英會堂記」, 「영회당계첩서英會堂稧帖序」에 자세히 서술되어 있다. 이와는 별도로 유금은 '오회五會'라는 이름의 모임을 조직하였는데 영회당 시사詩社와 마찬가지로 시회詩會를 열되 지역의 명승을 두루 노닐면서 모임을 가졌다. 이 역시 『오천집』에 수록된 「오회시축서五會詩軸序」, 「오회촌도서五會村圖序」, 「오회촌도찬五會村圖贊」 등에 서술되어 있다.

---

4) 柳琹, 『家庭聞見錄』 권2, 25조목. "今則片時納券, 不論精麤, 只取早呈爲實才, 主司之肉眼也, 蠟也. 又世愈降而弊愈甚, 請囑雲集, 賄賂公行, 季世科場, 不幸極矣!"

5) 柳琹, 『家庭聞見錄』 권1, 7조목. "家運之塞耶? 世道之衰耶? 其於擧子業, 非不勤且篤矣, 所謂愈讀而愈不中者耶? 若使愈不中而愈讀, 則必有快雪之日, 後生勉之哉!"

유금이 남긴 저술은 앞서 언급했듯이 『오천집』과 『가정문견록』이 전한다. 이외에 유금이 자신의 집안이 대대로 시인으로서의 명성이 이어진 것을 자부하여, 부친을 포함한 6세조까지의 시를 수습하여 『고흥대가高興大家』라는 시고詩稿를 엮은 바 있는데 현전하지 않는다.[6] 『오천집』과 『가정문견록』은 공히 유금의 친필 유일본으로 보이기에 그 서지적 가치가 인정되는데, 기존의 해제가 많은 참고가 된다. 『오천집』은 다음 장에서 다룰 것이므로 『가정문견록』에 대해 간략히 서술해 보면, 이 자료는 유금이 부친에게 들었던 선조들의 사적과 집안의 일들을 후손들에게 전하고자 1834년(순조34)에 저술한 것이다. 유금의 16세조 유청신柳淸臣으로부터 부친까지의 행실을 주로 기록하여, 각 인물들의 전기 자료로서 가치를 지닌다.[7]

아래에서는 기존의 해제 자료를 참고하되 부연설명을 덧붙여 『오천집』을 개관하고자 한다. 그 다음으로는 『오천집』 소재 산문 가운데 특정한 국면을 짚어내어 소개하고자 한다. 첫 번째는 유금이 유몽인의 문집인 『어우집』에 쓴 「어우집발於于集跋」의 개작 과정을 꼼꼼하게 살펴보고자 한다. 이 글은 『오천집』 소재 작품 가운데서 유금이 가장 심혈을 들인 것이라 할 수 있는데, 그 개작 과정을 추적하여 작자의 고민은 물론이거니와 그 득실에 대해서도 논해 보겠다. 두 번째는 그가 지은 상량문 가운데 이른바 변격의 상량문을 골라 분석하고자 한다. 후술하겠지만 「신루상량문蜃樓上樑文」과 「작소상량문鵲巢上樑文」은 상상의 공간을 전제로 허구적으로 형상화하거나 희작풍으로 우언적 글쓰기를 시도한 것들인데, 상량문의 장르적 측면에서 보더라도 특기할 만하고 한 작가가 이처럼 두 가지의 변격 상량문을 지은 사례가 드물다.

6) 柳琹, 『家庭聞見錄』 권2, 10조목에 관련 내용이 수록되어 있다.
7) 한민섭, 「『家庭聞見錄』 해제」, 위의 책, 860쪽.

『오천집』의 개관

단국대학교 연민기념관에 소장되어 있는 『오천집』의 서지사항은 아래와 같다.

1冊(78張) : 無界, 10行20字, 無魚尾 ; 23.2 x 15.5 cm

표제는 "오천집梧泉集"으로 되어 있고, 우측상단에 "문文"이라 표기한 것을 보면 시詩를 엮어 놓은 별도의 책이 있었으리라 짐작된다. 유금이 문장보다는 시에 특장을 보인 인물로 평가받기에 이 점이 더욱 안타깝다. 일부 종이를 오려붙이거나 군데군데 가필하여 수정한 것으로 보아 저자의 친필본으로 여겨진다. 『오천집』 소재 작품들을 수록된 순서대로 개관하면 아래와 같다.

작품명	내용 및 성격	창작시기
영회당기英會堂記	목천木川 만화동萬花洞에 있는 영회당英會堂에 쓴 기문記文	
천호산기天壺山記	목천에 있는 천호산天壺山을 유람하고 쓴 유기遊記	
백석봉상추시축후서 白石峯賞秋詩軸後叙	목천 동쪽에 있는 백석봉白石峯에서 여러 벗들과 함께 시회詩會를 가진 뒤 만든 시축詩軸에 대해 쓴 서문序文	1802년
재유황조동기 再遊黃鳥洞記	목천 소재 황조동黃鳥洞을 두 번째 유람하고 쓴 유기	
영회당계첩서 英會堂稧帖序	영회당英會堂에서 저자의 족친 및 문우들과 함께한 계회契會에 대해 쓴 서문	1807년
어우집발於于集跋	어우於于 유몽인柳夢寅의 시문집에 대해 쓴 발문跋文	1814년
영회당상량문 英會堂上樑文	영회당英會堂을 보수한 뒤에 쓴 상량문上樑文	1805년
제구씨문祭舅氏文	저자의 외삼촌인 강릉江陵 김씨金氏 통덕랑通德郎이 별세하여 지은 제문祭文	1792년 (22세)
대인제성창렬도통선생 代人祭成昌烈道通先生	남을 대신하여 성창렬成昌烈을 위해 쓴 제문	1793년
제이곡조장 祭梨谷趙丈	저자의 처조부妻祖父를 위해 쓴 제문	1794년
제빙조모의성김씨 祭聘祖母義城金氏	저자의 처조모妻祖母 의성義城 김씨金氏를 위해 쓴 제문	1794년
제재종질자현문 祭再從侄子賢文	재종질再從姪 영진榮進을 위해 쓴 제문	1797년
제중씨문祭仲氏文	저자의 둘째 형 력瓅을 위해 쓴 제문	1799년
신루상량문蜃樓上樑文	허구로 지은 신기루蜃氣樓 상량문上樑文	
작소상량문鵲巢上樑文	우언으로 지은 작소鵲巢 상량문	
오회시축서五會詩軸序	여러 벗들과 함께 목천 일대의 명소에서 다섯 차례 시회詩會를 가진 뒤 만든 시축詩軸의 서문	1814년
오회촌도서五會村圖序	오회五會의 모임을 그린 그림에 대해 쓴 서문	1814년
오회촌도찬五會村圖贊	오회의 모임을 그린 그림에 대해 쓴 송찬문頌贊文	1814년

대록지발大麓誌跋	안정복安鼎福이 편찬한 목천 읍지를 조국인趙國仁이 증보한 『대록지大麓誌』의 발문跋文	1817년
중수세보발重修世譜跋	『고흥유씨세보高興柳氏世譜』 중수본重修本에 대해 쓴 발문	1804년
동계첩후제洞稧帖後題	만화동萬花洞에서 저자의 족친 및 문우들과 함께한 계회에 대해 쓴 글	1809년
제망녀문祭亡女文	죽은 딸을 위해 쓴 제문	1817년
백씨천장시제문伯氏遷葬時祭文	저자의 맏형 집鏶의 묘를 이장할 때 쓴 제문祭文	1818년
어우공영정개모후고사於于公影幀改摸後告辭	유몽인柳夢寅의 영정이 낡아 이를 다시 모사하게 된 경위를 밝힌 글	1817년
답김고원서答金高原書	김고원金高原이란 벗에게 답한 편지글	
본관정단本官呈單	목천의 교궁校宮의 관리로 임명되는 것에 대해 사양한 글	
구계신사상량문九溪新舍上樑文	구계촌九溪村에 별업別業을 새로 지은 뒤에 쓴 상량문	
촌민산제축村民山祭祝	목천의 거주민들이 산신제山神祭를 지낼 때 쓴 축문祝文	
김서산정려상량문金瑞山旌閭上樑文	서산군수瑞山郡守 김공金公의 효성과 절행을 기린 정려각에 쓴 상량문	1803년
서은당기瑞隱堂記	척형戚兄 김자순金子順의 서은당瑞隱堂에 쓴 기문記文	
구계복거설九溪卜居說	구계九溪 일대의 산수지리, 연혁, 명승 등에 대해 자세히 논한 글	1821년
도동서원중수강당상량문道東書院重修講堂上樑文	도동서원道東書院의 강당을 개수할 때 쓴 상량문	
제삼종형용재문祭三從兄庸齋文	저자의 8촌 형 일태一泰를 위해 쓴 제문	1827년
제중형문祭仲兄文	저자의 넷째 형 림琳을 위해 쓴 제문	1829년 (59세)

총 34편의 산문이 수록되어 있다. 내용 및 성격으로 일별하면, 저자가 살고 있던 목천 일대의 건물에 지은 기문記文과 상량문上樑文이 8편(「신루상량문蜃樓上樑文」과 「작소상량문鵲巢上樑文」 포함)이고, 목천의 명승을 유람하고 쓴 유기遊記가 2편, 친인척을 위해 쓴 제문祭文이 10편, 각종 도서圖書와 계첩稧帖에 제題한 글이 10편, 지리지地理志 성격을 지닌 논설論說이 1편, 편지글이 1편,

관아에 제출한 정단呈單이 1편, 산신제山神祭를 위해 쓴 축문祝文이 1편이다. 창작시기를 보면 20대부터(「제구씨문祭舅氏文」 22세에 창작) 만년(「제중형문祭仲兄文」 59세에 창작)에 이르기까지 지은 작품들이 골고루 수록되어 있다. 이들 작품 가운데 주목할 작품은 우선 유몽인柳夢寅과 관련한 「어우집발於于集跋」과 「어우당영정개모후고사於于公影幀改摸後告辭」를 꼽을 수 있고, 다음으로는 허구적이면서 희작 성격을 지닌 변격 상량문 「신루상량문蜃樓上樑文」과 「작소상량문鵲巢上樑文」이 있다. 또한 지리지地理志 성격을 지니면서 장편으로 서술된 「구계복거설九溪卜居說」도 눈여겨 볼만하다. 저자의 시사詩社 모임 및 교유관계를 살필 수 있는 자료로는 「영회당기英會堂記」, 「영회당계첩서英會堂稧帖序」, 「영회당상량문英會堂上樑文」, 「백석봉상추시축서白石峯賞秋詩軸後叙」, 「오회시축서五會詩軸序」, 「오회촌도서五會村圖序」, 「오회촌도찬五會村圖贊」, 「동계첩후제洞稧帖後題」 등이 있고, 『가정문견록家庭聞見錄』과 함께 저자의 선조 인물들의 전기 및 사적을 고찰할 수 있는 자료로 「중수세보발重修世譜跋」이 있다.

● 유금의 산문 일고

1. 「어우집발」의 개작 과정

유금柳琹의 7세조인 유몽표柳夢彪의 동생이 바로 유몽인柳夢寅이다. 유몽인의 문집인 『어우집於于集』은 초간본이 일실되고 그 후 방손傍孫 유금, 유영무柳榮茂(1788-1871) 부자가 수집, 편차하여 1832년(순조32)에 간행되었다. 『어우집』에 수록된 「신간어우당유집발新刊於于堂遺集跋」을 유금이 지었고 「어우집후집후서於于集後集後敍」를 유영무가 지었는데, 「신간어우당유집발」이 「어우집

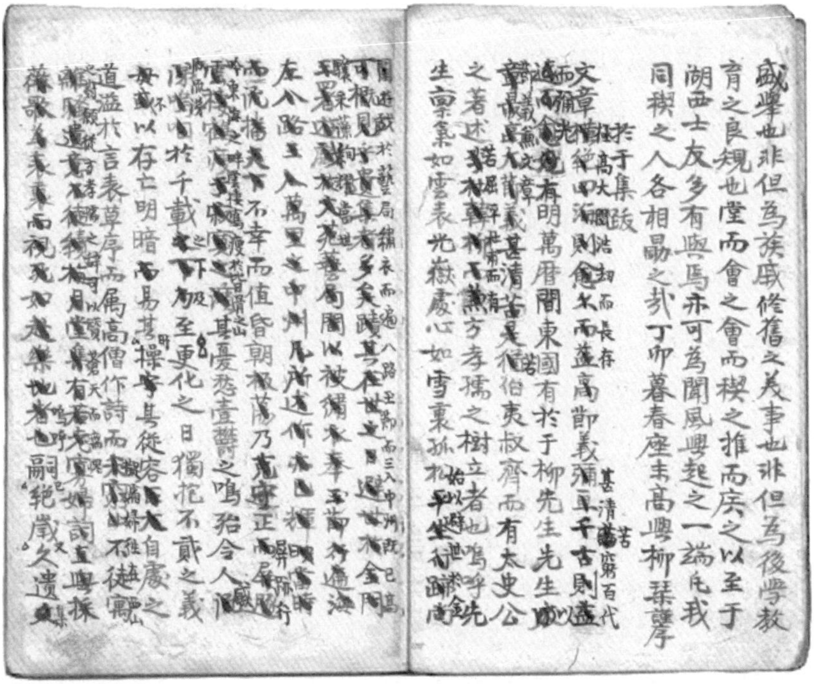

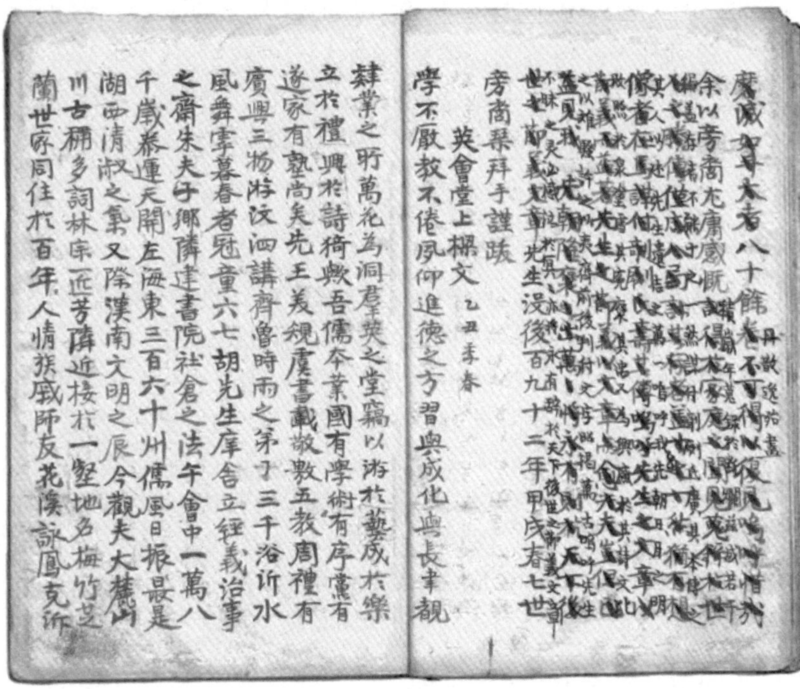

발於于集跋」이란 제목으로 『오천집梧泉集』에 수록되어 있다. 실제 고흥高興 유씨柳氏 충정공忠正公(휘諱는 탁濯) 종중宗中에서 문학으로 가장 유명했던 인물이 유몽인이었으므로 유금은 공력을 들여 『어우집』을 간행하였고, 『가정문견록家庭聞見錄』에는 『어우야담於于野譚』의 글을 인용한 조목들이 보인다.(『가정문견록家庭聞見錄』 권2, 4조목과 6조목) 유몽인을 향한 그의 추숭은 『오천집』에 수록된 「어우집발」의 수정 및 가필 흔적에서도 엿볼 수 있다.

특기할 만한 몇몇 부분들을 개작 전과 후로 나누어보면 아래와 같다.

1

(개작 전) 선생의 문장은 가장 고대高大하고 절의는 매우 청고淸苦하니, 이는 마치 백이伯夷·숙제叔齊와 같은 절의를 지니면서도 태사공太史公과 같은 저술이 있으며, 이백李白·두보杜甫·한유韓愈·유종원柳宗元과 같은 문장을 지니면서도 겸하여 방효유方孝孺와 같은 절의를 세운 것이다.(『梧泉集』, 「於于集跋」. "先生文章最高大, 節義甚淸苦, 是猶伯夷·叔齊而有太史公之著述, 李·杜·韓·柳而兼方孝孺之樹立者也.")

(개작 후) 선생은 절의와 문장을 겸하여, 백이伯夷·숙제叔齊와 같은 절의를 지니면서도 태사공太史公과 같은 저술이 있으며, 굴원屈原·두보杜甫와 같은 문장을 지니면서도 방효유方孝孺와 같은 절의를 세운 분이다.(『於于集』, 「新刊於于堂遺集跋」. "先生以節義兼文章, 若伯夷·叔齊而有太史公之著述, 若屈平·杜甫而有方孝孺之樹立者也.")

2

(개작 전) 서문序文을 지어 고승高僧에게 맡기고, 시를 지어 궁산窮山에 맹세하였다. 시는 「이소離騷」의 남긴 뜻에 우의寓意한 것일 뿐만 아니고 『매월당집梅月堂集』을 계승한 것일 뿐만 아니니, 노과부老寡婦를 노래한 작품과 같은 것은 바로 「채미가採薇歌」와 표리를 이루어 죽음을 대하기를 마치 낙토樂土로 가는 것처럼 여긴 것이다.(『梧泉集』, 「於于集跋」. "草序而屬高僧, 作詩而矢[8]窮山. 不徒寓「離騷」遺意, 不徒續『梅月堂集』, 有若老寡婦詞, 直與「採薇歌」爲表裏, 而視死如赴樂地者也.")

(개작 후) 서문序文을 지어 고승高僧에게 맡기고, 시를 지어 과부寡婦에 비유하였다. "서산西山에 있었다"는 대답과 "방효유를 따르겠다"는 말은 하늘에 질정하여

8) 矢 : 먹칠한 흔적으로 인해 확신할 수 없다.

도 부끄러움이 없을 것이다.(『於于集』, 「新刊於于堂遺集跋」. "草序而屬高僧, 作詩而擬孀婦. 往在西山之對, 願從方孝孺之辭, 可以質蒼天而無愧.")

3

(개작 전) 선조先朝(정조正祖를 말함)께서 융숭하게 드러내 주신 것이 지극하니, 장차 절의와 문장을 겸비한 천하 후세 사람들에게 길이 모범이 되리라.(『梧泉集』, 「於于集跋」. "我先朝隆褒之出萬萬, 將永有則於天下後世之節義文章.")

(개작 후) 선조先朝의 해와 달처럼 밝으신 빛이 다시 지하를 비추어 선생의 원통함을 씻어주고 선생의 충절을 드러내 주셨다. 또 선생의 시문에 감흥을 일으켜 「이소離騷」에 견주시고, 백이·숙제와 같은 절의를 지녔음을 인정하셨다. 전후로 판부判付한 문장이 만고에 밝게 드러나 있다. 아! 선생의 밝은 영령이 필시 저승에서 감읍할 것이요, 또한 장차 절의와 문장을 겸비한 천하 후세 사람들에게 길이 할 말이 있으리라.(『於于集』, 「新刊於于堂遺集跋」. "我先朝日月之明, 改照於泉塗, 雪其寃褒其忠, 又爲興感於其詩文, 比之以「離騷」, 許之以夷·齊. 前後判付文字, 昭揭萬古. 嗚呼! 先生不昧之靈, 必感泣於冥冥, 亦將永有辭於天下後世之節義文章.")

1은 유몽인의 문장과 절의를 칭양하면서 여러 인물들과 비교한 부분인데, 문장에 있어서 이백李白, 두보杜甫, 한유韓愈, 유종원柳宗元을 거론했다가 개작 후에는 굴원屈原, 두보杜甫로 바꾸었다. 그 이유를 생각해보면, 백이伯夷·숙제叔齊의 절의와 사마천司馬遷의 문장을 연접시키는 상황에서는 방효유方孝孺의 절의와 굴원, 두보의 사부와 한시를 대조시키는 게 더 효과적인 글쓰기라 할 수 있다. 개작 전에는 사마천의 문장을 거론하고 재차 한유韓愈와 유종원柳宗元의 문장을 강조하다보니 한시가 비교적 덜 부각된 것이 사실이다. 또 하나의 이유를 들자면, 유몽인을 평가하는데 있어서 굴원을 빠트릴 수 없다는 점이다. 정조正祖가 유몽인을 신원해주고 그의 시문을 평가하면서, "굴원의 「이소」처럼 답답하고 불평스러운 심정을 토로한 글이라 책을 덮어도 감흥이 일어났다"[9]고 하였는데, 유금은 이러한 정조의 평을 염두에 두고 개작한 것으로 보인다.

---

9) 『正祖實錄』, 18년(1794) 9월 30일조. "予徵其稿之謄行於世者而見之, 詩文幾篇, 太半是「離騷」壹鬱不平之鳴, 掩卷興感, 欲施加等奬異之典者久矣."

2는 개작 전과 후의 내용이 완연하게 바뀐 부분이다. 유몽인의 죽음과 밀접하게 관련된 부분이므로 유금이 신중하게 가필했던 것 같다. 인조반정 이후 유몽인은 광해군光海君 복위계획에 가담했다는 무고誣告로 체포되어 사형당하고, 그의 아들 약瀹도 국문 도중에 죽게 되었다. 바로 이 사건을 촉발한 문제의 작품이 유몽인이 지은 「제보개산사벽題寶盖山寺壁」 시[10]이다. 시의 내용은 개가改嫁하지 않고 절조를 지키는 과부를 읊은 것인데, 흔히 「상부시孀婦詩」로 알려져 있다. 양주楊州의 서산西山에서 국문을 받는 도중에 이 시가 광해군을 위해 지조를 지키겠다는 뜻으로 해석되어 사형을 당했다. 개작 전의 내용은 이 사건을 전면에 내세운 것이다. 정조는 유몽인의 절개를 김시습金時習에 비유했는데,[11] "『매월당집梅月堂集』을 계승한 것"이라 표현한 것은 정조의 말을 은연중에 드러낸 것이다. 정조에 의해 절개를 인정받았던 유몽인을 더욱 부각시키기 위해 유금은 시안詩案이 되었던 작품을 백이와 숙제의 「채미가採薇歌」에 비유하여 그의 죽음을 표창하기에 이른다. 개작 후에는 이와 같은 내용을 "시를 지어 과부寡婦에 비유하였다"라고 축약해버리고, 다른 일화를 들어 그의 절개를 부연하였다. "'서산西山에 있었다'는 대답"과 "'방효유를 따르겠다'는 말"은 양주楊州의 서산西山에서 유몽인이 국문을 받을 때 답변한 것이다. 심문하는 관리가 인조반정을 축하하는 자리에 불참한 이유를 묻자 그는 구구한 변명을 삼간 채 "서산에 있었을 뿐이다(往在西山)"라고 짤막하게 답변해버리고, 이어서 말하기를 "현명한 아비나 어리석은 아비나 자식은 효도를 다해야 하고, 밝은 임금이나 어두운 임금이나 신하는 목숨을 바쳐야 한다. 백이숙제와 방효유가 처한 상황은 달랐지만 두 임금을 섬기지 않은

10) 柳夢寅, 『於于集』 권2, 「題寶盖山寺壁」. "일흔 살 늙은 과부, 홀로 빈 방을 지키네. 여사의 시 자주 읽어서 임사의 교훈을 조금 안다오. 주위 사람 시집가라 권하는데, 남자 얼굴 무궁화처럼 잘생겼다네. 흰머리에 젊게 화장한다면 어찌 연지분이 부끄럽지 않으랴.(七十老孀婦, 單居守空壼. 慣讀女史詩, 頗知妊姒訓. 傍人勸之嫁, 善男顔如槿. 白首作春容, 寧不愧脂粉?)"

11) 『正祖實錄』, 18년(1794) 9월 30일조. "時習 · 夢寅, 彼二人者所慕者夷齊也, 一生一死之不同, 特迹耳時耳. 腔子裏從容取義之赤血丹忱, 百載相照, 無絲毫之出入."

것은 똑같다. 나는 방효유를 따라 지하에서 노닐고자 한다.(父無賢愚而子當盡力, 君無明暗而臣當致命. 夷齊 · 方孝孺所遇不同, 而不事二君, 一也. 願從方孝孺, 遊於地下.)"[12] 라고 하여 굽히지 않는 지조를 보였다. 유금은 바로 이 대화를 인용하여 하늘에도 부끄럽지 않을 절개라 칭송한 것이다. 개작 전에 비해서 개작 후의 내용이 유몽인의 발화로 인해 더욱 생생하게 묘사가 된 듯하다.

3은 개작 전에 비해 개작 후의 내용이 상당수 추가가 된 부분이다. 앞서 언급한 정조의 인정과 평가를 더욱 강조하기 위해 가필한 것으로 보이는데, 정조가 하교한 문장[13]을 추가하여 유몽인의 영령을 위로하였다.

첨부한 사진자료를 보면 알 수 있듯이 「어우집발」은 유금이 가장 심혈을 기울여 작성한 글이라 할 수 있다. 1에서는 내용과 구조상 정연한 배비구를 안배하는 노력을, 2에서는 유몽인의 죽음과 관련된 사건들을 강조하여 그의 절개를 드러내기 위해 고심한 흔적을, 3에서는 결미 부분에서 그의 절의와 문장을 마지막으로 돋보이기 위해 대거 가필한 것을 알 수 있다. 아울러, 『어우집』의 「신간어우당유집발」에는 작성시기가 "선생몰후이백유십년임진추先生沒後二百有十年壬辰(1832)秋"로 되어 있는데, 『오천집』의 「어우집발」에는 작성시기가 "선생몰후백구십이년갑술춘先生沒後百九十二年甲戌(1814)春"으로 되어 있어 18년의 시간차가 난다. 그리고 유영무의 기록을 보면, 전체 공역 기간이 1831년 겨울에서 1832년 가을까지 총 291일이라는 것을 알 수 있다. 추측하건대 1814년에 『어우집』 전집前集이 일차적으로 마무리되고, 이후 십여 년 동안 『어우집』 후집後集을 수습한 다음, 최종적으로 1832년에 간행이 마무리가 된 듯하다.

12) 이와 관련된 내용은 『於于集後集』에 수록된 서유방(徐有防)의 시장(諡狀)에 자세히 나온다.

13) 『正祖實錄』, 18년(1794) 5월 12일조. " 夢寅者, 豈不是難之難者? 「栢舟」之唱, 莫云下俚鄙辭, 「南麓」之詠, 誠爲千古絶調. 其音如怨如訴, 其義如興如比, 見者掩卷, 聽者墮淚, 此又夢寅爲人爲鬼之節拍. 其在昏朝也, 守正而屛跡, 自甘淪廢, 逮夫改玉之辰, 日月光華, 大明中天, 乃能矢心不渝, 亦未嘗於常分上絲毫有虧缺處. 奇自獻之同時被誣, 而恕不加罪, 因他伏辜, 而旋獲復官. 獨於夢寅, 反以夢寅之操行, 竟歸勿論之科者, 有非所以處吉再 · 金時習諸人之聖志也"

2. 희작풍의 우언적 상량문

상량문上樑文은 실용적인 문체로, 대부분의 상량문은 건물을 짓게 된 동기와 그 보존에 대한 당부 등을 주제로 한다. 그렇지만 그 속에서 작자는 자신의 정신세계를 솔직하게 드러내기도 하고, 나아가 소재를 허구로 구성한다거나 형식을 비틀어버린 변격 상량문도 창작하였다. 특히 신기루蜃氣樓를 소재로 한 상량문, 우언적·희작적 상량문은 예술미를 갖춘 적극적 문예문으로서 감상될 수 있다.[14]

『오천집』에 수록된 상량문 가운데는 일반적인 상량문의 격식을 벗어나 상상 속의 건물을 그리면서 허구적으로 쓴 「신루상량문蜃樓上樑文」이 있고, 까치집을 건물처럼 여기고 희작풍으로 쓴 「작소상량문鵲巢上樑文」이 있다. 신기루蜃氣樓를 대상으로 하여 허구적으로 형상화한 「신루상량문」은 유금 외에도 조선시대 문인들이 제법 창작한 것으로 보이는데, 조찬한趙纘韓(1572-1631), 안헌징安獻徵(1600-1674), 강백년姜栢年(1603-1681), 한태동韓泰東(1646-1687) 등이 「신루상량문」을 지은 바 있다. 안헌징과 강백년이 모두 월과月課로 이 작품을 지은 것을 보면, 다른 작가들 역시 순수한 창작동기에 의해 지어진 것은 아닐 듯하다.[15] 그럼에도 불구하고 이들 작품들은 소재상 신기루蜃氣樓라는 허구적 공간을 대상으로 작자의 상상력과 문장력을 마음껏 발휘한 것이므로 문예미가 돋보이는 글이라 할 수 있다. 한편 「작소상량문」은 까치집 만드는 것을 마치 사람이 건물을 조성하는 것에 빗대어 상량문을 지은 것인데, 우언적 성격이 농후하다고 할 수 있다. 이 역시 다른 작가들도 창작하였는데 대표적으로 이덕무李德懋(1741-1793)와 장혼張混(1759-1828)을 꼽을 수 있다. 이덕무는 상량문 앞에 짤막한 서문을 부기하여 이와 같은 글의 성격을 잘 보여준다.

---

14) 심경호(2009), 349쪽.

15) 상량문은 변려문으로 작성되므로 科題로 제시되었던 것 같다. 이 때문에 문인들은 과거 시험 대비를 위해 상량문을 習作했던 경우가 많았으리라 짐작된다.

삼호三湖의 외삼촌댁에 큰 산수유나무가 있었는데 기묘년(1759) 겨울 11월에 그 나무 꼭대기에 까치가 집을 짓다가 절반쯤 만들어 놓고는 버리고 오지 않았다. 외삼촌이 나에게 명하여 말하기를, "네가 상량문을 지으면 까치가 마땅히 집을 완성할 것이다." 하였다. 나는 이에 붓을 들어 상량문을 지으니, 글은 비록 우스꽝스러웠지만 까치가 마침내 집을 완성하였다. 까치가 과연 나의 글을 기다린 것인가? 이를 기록하여 호사가들에게 전한다.16)

외삼촌의 권유도 장난기가 가득하지만 실제 글은 지은 이덕무도 재기가 발랄하다. 다만 희작이라고 해서 그 내용까지 격하되는 것은 아니다. 소재로 사용된 '작소鵲巢'(까치집)는 『시경詩經』의 편명이기도한데 '구鳩'(비둘기)에 대조되는 상징으로써 고금에 흔히 사용되었다. 요컨대 비둘기는 본래 스스로 둥지를 만들지 못하고 항상 까치가 이미 만들어놓은 둥지에 빌붙어 사는 습성을 지니고 있다. 그리하여 비둘기를 처세술에 능한 인물에, 까치를 어리숙하여 세상물정에 어두운 인물에 비유하곤 한다. 또한 비둘기를 무능한 인물에, 까치를 유능한 인물에 비유하기도 한다. 이것만 보더라도 '작소鵲巢'와 관련된 글을 짓는 행위자체가 작자의 의식지향이 재주를 품고 은거하는 삶의 자세, 혹은 세상일에는 어두워 묵묵히 자기수양에 매진하는 것임을 간취할 수 있는 것이다. 게다가 상량문은 변려문으로 짓기 때문에 엄격한 형식에 따른 편장자구의 안배와 다채로운 전고와 어휘 사용이 필수적이다. 그만큼 작자의 문장력을 상당히 요구하는 문체라 할 수 있다. 유금이 지은 「작소상량문」은 내용과 형식면에서 위와 같은 성격을 잘 보여준다.

[1] 천황씨天皇氏가 목덕木德으로 1만 8천년 동안 왕 노릇하여 반짝이는 별들 아래를 비추고, 새는 3백 6십종이 있지만 오직 너의 보금자리에 들보를 올리네. 날아갈 듯한 추녀와 안락한 작은 집 가운데 우객羽客이 있으니 그 이름은 작鵲이라네. 진월인秦越人의 족속이요, 유소씨有巢氏의 백성이라네. 적벽赤壁의 밤에는 달이

16) 李德懋, 『青莊館全書』 권4, 「鵲巢上樑文」. "三湖舅氏宅, 有大茱萸樹, 己卯冬十一月, 鵲營巢于顚, 巢半成, 棄而不至. 舅氏命余曰, '汝作上樑文, 鵲當訖營.' 余乃援筆作之. 文雖類俳, 鵲終訖營. 其果待余文歟? 錄玆以傳好事者."

밝고 별이 드물다는 시구를 읊조리고, 은주銀洲의 칠석七夕에는 견우와 직녀의 다리를 날아서 건너네. 새 새끼처럼 부실하게 먹고 메추라기처럼 일정한 거처도 없는 것을 생각하면 이곳에 거처함이 마땅하고, 저 잠자는 갈매기와 고요히 서 있는 백로를 따라하여 어찌 밖을 소요하려 하는가.17)

[2] 이에 거대한 기초 위에 새집을 짓고 책력冊曆에서 길일을 택하여 곡강曲江의 비둘기를 시켜 소식 전하니 고산孤山의 학이 오는구나. 산에는 온전한 가지가 없거늘 정위精衛가 나무에서 허비하고, 하늘이 아직 장맛비를 내리지 않았는데 치악鴟鶚이 뽕나무 뿌리를 가져가네. 세성歲星이 자리한 곳에 바람이 뒤따르니 방위에 따라 전후를 구분하고, 위로는 마룻대를 세우고 아래로는 처마를 드리우니 온힘을 다하여 고생고생하네. 계동季冬에 공사를 시작하는 것이 유리함은 『월령月令』에 실려 있고, 중앙을 한 목재로 지탱하는 것은 『설문說文』에 기록되어 있네. 온갖 새들의 지혜는 동등하게 여기는 것만 못하니 한 가지의 둥지에서 즐길 수 있다네. 우러러 당길 수 있고 아래로 굽어볼 수 있으니 한 자 되는 땅에 날아갈 듯한 누각을 세우고, 뿌리를 헤아리지 않고 끝만을 가지런히 한다면 한 치 되는 나무가 높은 누대보다 높을 수 있다네. 하루도 못되어 완성하니 인력으로 할 수 있는 것이 아니라네. 피리와 같은 들보 하나를 왕이王爾의 걸음쇠와 먹줄 없이 만들고 질박한 나무는 화려함이 없으니 공수반公輸般과 수倕가 그림쇠와 곱자 없이 완성하였네.18)

[3] 황작루黃雀樓, 봉황대鳳凰臺, 지작관鳷鵲觀 등은 모두 헛된 명성이요, 공작병孔雀屛, 원앙와鴛鴦瓦, 비취렴翡翠簾 등이 어찌 아름다움을 독차지하리오. 봉전鳳篆으로 쓴 편액을 걸고자 하는데 서계書契를 만든 조적鳥迹이 없음이 한스럽네. 갓을 쓴 사내와 부녀자들은 장막에 들어와 축하의 말을 던질 뿐이고, 화려한 의복을 갖춘 공자들은 들보를 둘러싸 아리따운 노래를 부를 따름이네. 이에 앵무鸚鵡로 하여금 말하게 하고, 다시 조악鵰鶚으로 하여금 함께 추천하게 하네. 그리곤 까마귀 떼 모이는 쓸쓸한 연회를 베풀어 일제히 새들이 춤추는 즐거운 음악을 울리네. 서

---

17) 柳琹, 『梧泉集』, 「鵲巢上樑文」. "木德一萬八千年, 彗彼營室之下照, 羽蟲三百六十數, 惟爾居巢之上樑. 如翬斯飛, 容膝之易, 中有羽客, 其名曰鵲. 秦越人之族, 有巢氏之民, 赤壁三更詠皎月明星稀之句, 銀洲七夕飛渡牽牛織女之橋. 念玆觳食鶉居, 宜此室處, 相彼鷗眠鷺立, 何以棲遲?"

18) 柳琹, 『梧泉集』, 위의 글. "於是胥新宇於洪基, 擇良日於鳳曆, 曲江之鴿奴使, 孤山之鶴子來. 山無全枝, 精衛費木, 天未陰兩, 鴟鶚撤桑. 歲之所在, 風之所從, 辨向背於方位, 上而爲棟, 下而爲宇, 並手口而拮据. 經始安以季冬, 載之『月令』, 中央共安一木, 著於『說文』. 百鳥之智, 莫如齊, 一枝之棲, 可以樂. 仰可援俯可窺, 盈尺之地, 翼然飛閣, 揣其本齊其末, 方寸之木, 高於岑樓. 不日成之, 非人力也. 一樑如管, 王爾投其鉤繩, 大朴無華, 般倕棄其規矩."

쪽 못에서 가객佳客을 맞이하니 백로가 떼 지어 날아오고, 적벽赤壁에서 도사道士를 맞이하니 외로운 학이 울면서 날아오르네. 봄 숲에서 술병을 들어 술잔 분주히 돌리며 달빛에 취하고, 새벽녘 눈썹을 화장하고 복장을 단장하여 춤을 추니 회오리바람이 일어나네. 이때 오유선생烏有先生이 날듯이 나오니 봉황을 읊조린 두보杜甫의 시재詩才요, 거위와 바꾸었던 왕희지王羲之의 서법書法이라네. 계모鷄毛로 만든 붓을 휘둘러 학우鶴羽로 만든 종이에 펼쳐내네. 벽계옹碧溪翁의 글 솜씨는 꾀꼬리를 노래한 이백李白을 방불케 하고, 설의랑雪衣娘의 문장력은 양웅揚雄의 『태현경太玄經』을 도운 동오童烏와 흡사하네. 좋은 새는 봄날에 지저귀고 훌륭한 새가 나무를 가려 앉는 것이 위대하기에 마침내 성사盛事를 기리며 가로놓인 들보에 남겨두네.[19]

[4] 육위송六偉頌 생략

[5] 삼가 바라건대, 들보를 올린 이후엔 보금자리에 재앙이 없고 새들은 화목하게 살지어다. 형산荊山의 보옥과 비석처럼 손길이 닿질 않아 무탈함을 기뻐하고, 연기 자욱한 버드나무 바위 가와 같이 날아올라 기운을 얻는 것을 칭송할지어다. 온갖 언변으로 축하한들 비둘기처럼 남의 보금자리를 빼앗지 않을 것이니, 떼 지어 아리땁게 울어본들 까치의 즐거움만 못하리라. 비바람이 몰아친들 어찌 나무에 산다고 떨어지리오. 만고토록 축복받은 새둥지를 길이 보존할지어다.[20]

이 글은 내용상 다섯 단락으로 나뉘는데, [1]은 까치집을 조성하게 된 경위를 밝히고, [2]는 실제 까치집을 만드는 공정과 완성된 까치집의 경관을 묘사하고 있다. [3]은 까치집의 가치와 완공을 축하하는 연회를 성대하게 묘사하고 있으며, [4]는 육위송六偉頌, [5]는 당부와 염원을 담아 끝을 맺고 있다. 매

---

19) 柳檠, 『梧泉集』, 위의 글. “黃雀樓 · 鳳凰臺 · 鳺鵲觀, 儘是浮名, 孔雀屛 · 鴛鴦瓦 · 翡翠簾, 奚獨傳美? 方當鳳篆之揭額, 恨乏鳥迹之造書. 烏冠婦人, 不過入幕之賀語, 金衣公子, 徒是繞樑之嬌歌. 乃令鸚鵡傳言, 復使鵰鶚交薦. 仍設烏集之落宴, 齊動鳥蹌樂音. 邀佳客於西雝, 振鷺戾止, 迎道士於赤壁, 孤鶴飛鳴. 提壺春林, 飛羽觴而醉月, 盡眉朝日, 舞衣幘而旋風. 惟時烏有先生, 翼如而進, 詠鳳詩才, 換鵝書法. 運鷄毛之筆, 展鶴羽之牋. 碧溪翁揮毫, 髣髴賦鸎之李白, 雪衣娘奉硯, 怳惚童烏之草玄. 以好鳥而鳴春, 偉良禽之擇木, 遂贊盛擧, 置諸橫樑.”

20) 柳檠, 『梧泉集』, 위의 글. “惟願上樑之後, 巢居無災, 羽族咸若. 荊山玉碑, 喜無恙於抵過, 柳岩烟籠, 頌得氣於飛去. 百舌獻賀, 不使維鳩居之, 一羣嬌啼, 莫如昔鳥樂也. 風風雨雨, 豈有木處而顚? 歲歲年年, 永保禽視之慶.”

단락마다 새를 의인화하여 각종 관련 전고를 융화시켰다.

[1]에서 진월인秦越人은 전국시대의 편작扁鵲을 가리키고, "달이 밝고 별이 드물다는 시구(月明星稀之句)"는 바로 조조曹操의 「단가행短歌行」에 "달이 밝고 별이 드문데 까막까치는 남으로 날아가네(月明星稀, 烏鵲南飛)"라고 한 데서 끌어온 것이다. "새 새끼처럼 부실하게 먹고 메추라기처럼 일정한 거처도 없는 것(鷇食鶉居)"은 『장자莊子』 「천지天地」에서 말한 성인의 생활상을 뜻한다. 오작교烏鵲橋는 말할 것도 없거니와 까치와 관련된 전고를 대거 사용하고 있다. 게다가 메추라기, 갈매기, 해오라기 등과 비교되는 까치의 습성을 드러내어 은연자중 하는 삶의 태도를 관철시키고 있다.

[2]에서는 정위精衛와 치악鴟鷽으로 상징되는 삶을 등한시하고 한 곳에 정착하여 세상을 동등하게 바라보는 『장자』의 제물론적齊物論的 사유를 지향하고 있다. 작자는 서산西山의 목석木石을 물어다 동해를 메우려했던 정위精衛와 장마가 오기 전에 뽕나무 뿌리를 가져와 방비하는 치악鴟鷽의 행태를 지나친 욕심과 경계로 인식하였다. 이보다는 제물론적 사유로 세상을 홀로 관조하는 삶의 태도를 강조하여 "온갖 새들의 지혜는 동등하게 여기는 것만 못하니 한 가지의 둥지에서 즐길 수 있다네.(百鳥之智, 莫如齊, 一枝之棲, 可以樂.)"라고 표현하였다.

[3]에서는 등장인물의 성격과 참신한 비유가 돋보이는 단락이다. 황작루黃雀樓, 봉황대鳳凰臺, 지작관鳷鵲觀 등은 선계仙界의 이상적 공간일 뿐이고 공작병孔雀屛, 원앙와鴛鴦瓦, 비취렴翡翠簾 등의 화려함도 어느 순간 식상하게 된다. '일지지서一枝之棲'의 까치집은 현실속의 공간이고, 화려하진 않지만 순박한 가치를 지닌다. 한편 이 단락에서는 가공의 인물인 오유선생烏有先生, 벽계옹碧溪翁, 설의랑雪衣娘을 등장시켜 까치집의 완공을 축하하는 장면이 묘사되어 있다. 오유선생烏有先生은 '오烏'(까마귀)를 연상시키고, 설의랑雪衣娘은 흔히 백

앵무白鸚鵡을 가리킨다. 벽계옹碧溪翁은 아마도 벽계옹碧繼翁을 가리키는 듯하다. 벽계옹碧繼翁은 당唐나라 유도劉燾가 편찬한 시화집『수훤록樹萱錄』에 소개되어 있는데, "섬剡 땅 사람 가전賈傳이 경호鏡湖에서 두 노인이 서로 얘기를 나누는 것을 보았는데, 한 사람은 벽계옹碧繼翁이요 한 사람은 황서수篁棲叟로 함께 시를 읊조렸다. 가전이 급히 가서 읍하니 백로白鷺로 변하여 날아갔다. (剡人賈傳於鏡湖見二叟並語, 一曰碧繼翁, 一曰篁棲叟, 相與吟詩. 賈遽揖之, 化為白鷺飛去.)"라고 하였다. 즉 벽계옹碧溪翁은 백로白鷺를 연상시킨다. 세 사람의 가공의 인물들을 등장시킨 다음, 이들이 축하연에서 지은 시문과 그림을 각각 두보杜甫, 이백李白, 양웅揚雄, 왕희지王羲之 등에 비유하였는데, 두보가 봉황鳳凰을 노래한 것, 왕희지가 거위를 얻기 위해『황정경黃庭經』을 써주고 바꾼 일화, 이백이 꾀꼬리를 노래한 것, 양웅의 아들 동오童烏가 부친의 저술을 도운 일화 등 새와 관련된 고사들을 연첩하였다.

이 작품을 수사적 측면에서 살펴보면, 기본적인 변려문 특성을 충실히 고수하고 있다. 우언적 내용이라 외려 형식적으로는 엄정하게 지은 듯하다. 다만 구식句式에 있어서는 사륙四六을 벗어나 비교적 자유롭게 구사하고 있다. 대우對偶에 있어서는 한 구씩 상대하는 단대單對, 두 구씩 상대하는 우대偶對, 그 이상이 상대하는 장우長偶가 적절히 혼용되어 있다. 또한 이 글은 새를 소재로 하였기 때문에 온갖 새들이 등장하는데, 작鵲, 구鷇, 순鶉, 구鷗, 로鷺, 합鴿, 학鶴, 앵鸎, 정위精衛, 치악鴟鶚, 황작黃雀, 봉황鳳凰, 지작鳷鵲, 공작孔雀, 원앙鴛鴦, 비취翡翠, 앵무鸚鵡, 조악鵰鶚 등과 같이 직접적으로 새를 거론하는가하면 오관烏冠, 금의공자金衣公子, 제호提壺, 오유선생烏有先生, 동오童烏, 벽계옹碧溪翁 등과 같이 새를 연상시키는 사람을 등장시켜 중의적 개념을 효과적으로 운용하였다. 변려문의 미덕이라 할 수 있는 '함축'과 '전아'의 특성을 잘 구현한 것으로 보인다.

앞서 실용적 성격의 상량문이 아닌 변격의 상량문은 그 속에 작자 자신의 정신세계를 드러내는 경우가 있다고 했다. 유금의 「작소상량문」은 희작풍의 우언적 글이지만 그 안에는 작자가 지향하고자 하는 삶의 태도가 은연중에 드러나고 있다. '일지지서一枝之棲'로 상징되는 자신만의 공간이 흡사 작자가 평생 은거하였던 목천木川을 환기시키는 것은 우연이 아닐 것이다. 그 공간 안에서 까치의 습성처럼 은연자중 하는 작자의 모습도 쉬이 그려볼 수 있으며, 더욱이 온갖 새들이 아웅다웅하며 생명을 도모할 때 제물론적 사유로 자신만의 공간에서 세상을 관조하는 까치의 모습은 작자의 감개와 자조가 뒤섞여있는 듯하다. 이에 반해 이덕무의 「작소상량문」에서 보이는 까치의 형상은 "때를 알아 기쁜 소식 알려 주어 사람들이 어여삐 여기는(知時報喜, 所以人自憐)"는 존재, "교목喬木의 오랜 세가世家라 편편翩翩히 높은 데를 밟는(喬木舊世, 所翩翩而蹈高)" 고매한 풍도, "곰처럼 당기고 새처럼 펴서 계과鷄窠의 늙은이처럼 탈 없이(熊經鳥伸, 鷄窠之老無恙)" 영생하는 선조仙鳥 등으로 그려지는데, 유금의 정신세계와는 사뭇 다르다는 것을 느낄 수 있다.

● 유금의 『오천집』 가치와 의의

유금은 정조~순조 연간에 천안의 목천 일대에서 활동한 문인으로, 조선중기에 손꼽히는 문장가인 어우 유몽인의 7대 방손이며, 한시 「춘향가」를 남긴 만화당 유진한의 아들이다. 다만 유금은 부친의 영향으로 인해 평생 벼슬에 나아가지 않고, 세거지였던 목천 일대에서 친척 및 친우들과 함께 시사를 줄곧 가지는 한편 후진을 양성하면서 생을 마감하였다. 그가 주력한 저술과 사업은 모두 가문의 현양과 지역학에 집중되어 있다. 예컨대 부친을 비롯한 가까운 선대와 관계된 『가정문견록家庭聞見錄』을 편찬하였고, 유몽인의 산일된 글을 수집, 편차하여 『어우집於于集』을 간행하였다. 또한 『고흥류씨세보高興柳氏世譜』에 참여하기도 하였다. 한편으로 목천 읍지인 『대록지大麓誌』를 간행할 때 유사로 참여한 바 있다. 이렇듯 유금은 당대 현실 정치에 참여하여 안팎으로 재능을 드러내지는 않았지만, 세거지에 거점을 두면서 가문과 지역이라는 두 가지 방면으로 큰 공훈을 남겼다. 저자의 친필본으로 추정되는 『오천집梧泉集』은 바로 이와 같은 그의 업적의 편린들을 가늠하고 평가할 수 있는 중요한 자료라 할 수 있다.

참고 문헌

1. 자료

柳琹, 『家庭聞見錄』, 筆寫本, 단국대 연민기념관.(청구기호 : 연민,고 395.2 가364)
柳琹, 『梧泉集』, 筆寫本, 단국대 연민기념관.(청구기호 : 연민,고 850.819 오909)
柳夢寅, 『於于集』, (影印標點) 韓國文集叢刊 63, 民族文化推進會, 1991.
李德懋, 『靑莊館全書』, (影印標點) 韓國文集叢刊 257, 民族文化推進會, 2000.

柳振漢 著·송하준 譯, 『國譯 晩華集』, 학자원, 2013.

2. 논저

『단국대 소장 연민문고 〈동장귀중본〉 해제집』, 단국대 소장 연민문고 〈동장귀중본〉 해제사업단, 문예원, 2012.
심경호, 「상량문의 문학성 시론」, 『한문학보』 20, 우리한문학회, 2009.

3. 기타

한국고전번역원 〈한국고전종합DB〉 http://db.itkc.or.kr/itkcdb/mainIndexIframe.jsp

제2부
국역國譯 『오천집梧泉集』

오천집梧泉集

영회당기
英會堂記

대목군大木郡에 만화동萬花洞이 있으니 만화동에는 영회당英會堂이라는 초당이 있다. 이곳은 대목군의 선비들의 문회文會 모임이 열리는 장소이다. 영회당의 규모는 세 개의 들보와 다섯 개의 기둥으로 이루어져 엄숙하고 아름다운 모습이 날아갈 듯하고 수십 명의 사람을 들일 만하다. 영회당의 이름을 어째서 영회英會라고 한 것인가? "영英이라는 것은 화려함이니 초목 가운데 화려함이 있는 것이다. 저 초목이 향기를 내고 아름다운 꽃을 피워 영화롭게 되는 것은 사물의 영화로움이다. 우리들에게 비유하자면 사람들 가운데 총명하고 지혜가 있는 자들은 사람 가운데 영화로움이다. 무릇 덕업과 문장으로 뛰어나 성대한 자는 초목 가운데 영화로운 것과 무엇이 다르겠는가. 그러나 사람 가운데 영화로운 자는 수천 수백 사람 가운데 겨우 한두 사람일 뿐이다. 뭇 영화로운 자들이 하나의 초당에 모여 있는 경우를 한 시대에서 구해보더라도 드문데, 더군다나 하나의 현과 하나의 골짜기에 있어서랴. 생각건대, 우리 목주木州의 만화동萬華洞은 예로부터 훌륭한 인재들이 배출되는 마을이다. 우리 유씨柳氏는 화산花山 김씨金氏, 의춘宜春 남씨南氏와 함께 이곳에 대대로 살고 있다. 지역이 훌륭한 인재로 인해 지역 또한 아름다운 명성이 있으니 백 년 동안 산골짜기에 남은 유풍이 여전히 있다. 살펴보건대 영회당이 있는 곳에 지역의 아름다운 명성이 있으니 이름이 우연히 그렇게 된 것이 아니리라.

남쪽에는 만매촌晩梅村이 북쪽에는 영지촌靈芝村이 있다. 앞쪽에는 죽리

곡竹里谷, 송정곡松亭谷, 고동곡孤桐谷 등이 있고 뒤쪽에는 갈전리葛田里, 백계리栢溪里, 대수리大樹里 등이 있다. 또 도원桃源, 매당梅塘, 양포楊浦, 두곡杜谷의 물줄기와 동림東林, 서림西林의 아름다운 수목들이 서로 에워싸 공읍하고 있는 듯하다. 그 영화롭고 뛰어난 기운이 이 초당에 모여 허다한 인재들을 배출하니 비유하자면 요림瑤林과 벽수璧樹가 하나의 초당에 무성하여 장차 진정한 호걸들을 배출하는 것과 같다. 그러하니 초당이 이루어진 것은 영화로움이 한 데 모여서이다. 이 때문에 봄이 되면 꽃놀이 모임을 하고 가을이 되면 국화를 띄워 마시는 모임을 하니 행단杏壇의 모임,[1] 괴시槐市의 모임,[2] 곡강曲江에서 꽃을 꽂는 모임[3]과 같았다. 이 모임이야말로 목주의 제일가는 모임이고 또한 이른바 춘풍만화春風萬花의 모임이라 할 만하다. 그러므로 초당의 이름을 영회英會라 한 것이다." 이름을 지은 자는 누구인가? 목주 만화리萬花里의 유씨柳氏 아무개이다.

---

1) 행단杏壇의 모임 : 공자가 고향 마을 곡부曲阜의 야외에서 제자들을 가르쳤던 곳이다. 《장자》에 "공자가 치유의 숲에서 노닐고 행단의 위에 앉아서 쉬었는데 제자들은 글을 읽고 공자는 거문고를 타며 노래를 불렀다. [孔子遊乎緇帷之林, 休坐乎杏壇之上, 弟子讀書, 孔子絃歌鼓琴.]"라고 하였다. 《莊子 漁父》 학문을 닦는 곳 또는 제자를 가르치는 곳을 뜻한다.

2) 괴시槐市의 모임 : 태학太學 앞의 거리를 가리킨다. 장안성長安城 동편 가도街道에는 양쪽으로 괴나무를 줄지어 심어놓았는데, 제생諸生들이 삭망朔望 때마다 여기에서 토산품土産品과 서책書冊 등을 매매賣買하고 서로 예의禮儀을 담론하였으므로 생긴 말이다.

3) 곡강曲江에서……모임 : 곡강정曲江亭을 말한다. 당나라 때 진사進士에 합격한 사람들이 합격자 발표 뒤에 이곳에 모여 크게 잔치를 벌이곤 하였는데, 이를 곡강회曲江會 혹은 곡강연曲江宴이라고 하였다. 송나라 사람들은 이를 문희연聞喜宴이라고 칭하였다.

천호산기
天壺山記

세상에서 일컫는 천호산天壺山은 볼 만한 경치가 없으니, 졸졸 흐르는 샘물도, 폭포도, 기이한 새나 꽃도, 석문石門과 허공의 잔도도, 소인묵객騷人墨客이 왕래하며 감상한 자취도 없다. 그래서 개벽한 이후로 몇 천 만 년이 흘렀는지 알 수가 없다. 지금 임술년(1082, 순조2) 9월 9일에 동지들과 비로소 이 산에 올라 노닐었다. 볼 만한 것이 많았으니 어째서인가? 이 산은 우뚝하고 높이 솟아 있으며 양호兩湖 사이에 걸터앉아 있으니 저 멀리까지 시야가 펼쳐져 있다. 계룡산鷄龍山과 오서산烏棲山이 그 북쪽을 에워싸고 황악산黃岳山과 덕유산德裕山이 그 동쪽을 떠받치고 있으며 지리산知異山과 내장산內藏山이 그 남쪽에 우뚝 솟아 있으며 주변의 뭇 산들이 그 서쪽에 펼쳐져 있다. 백마강白馬江과 남당南塘, 동자포童子浦와 사진沙津 등이 띠처럼 이어져 있는데 모두 둘러보는 시야 안에 있다. 반월성半月城을 가리키며 백제百濟의 유허를 조문하고 전마군全馬郡을 굽어보며 삼한三韓의 고토를 찾는다. 노성산魯城山을 바라보며 현가絃歌의 유풍을 상상하며 완산부完山府를 내려다보며 풍패豐沛의 고향을 송찬한다. 푸른 산빛과 맑은 물빛이 백 천 리에 펼쳐져 시야 안에 들어온다. 또 석양녘에 바다의 조수가 들어와 범람하여 온갖 아름다운 경치를 만들어내는 것은 운몽호雲夢湖와 동정호洞庭湖에도 양보하지 않는다. 또 그밖에 어렴풋하게 안개가 깔려 그 끝을 볼 수 없는 것은 끝없는 바다이다. 끝까지 바라볼 수 있다면 연燕·제齊·오吳·초楚의 땅도 지목하여 상세히 볼 수 있으니 이것이 천호산의 먼 광경이다.

오늘의 모임은 살쩍과 눈썹이 하얗게 센 너댓 명이다. 둥글게 앉아 있으니 마치 동원공東園公과 각리선생角里先生이 상산商山을 마주한 것과 같다. 동자 예닐곱 명이 옷깃을 잡고 따라와 국화꽃을 꺾어 좌우에 쌓아놓으니 거연히 도연명陶淵明의 동쪽 울타리와 같았다. 경단, 떡, 술병, 안주거리, 붓과 벼루, 시축 등이 그 안에 뒤섞여 있고 북은 둥둥거리고 거문고는 쟁쟁거리며 노래는 조화롭게 울려퍼지고 춤은 두둥실 추는데 붓을 휘둘러 읊조리며 옷깃을 떨치며 어깨를 흔들며 대취한 채 잠을 자기도 하며 힘겨루기 하는 자들은 몇 사람인지 알 수 없다. 각기 제멋대로 마음을 풀어내니 이것이 천호산의 기이한 광경이다. 이 모임을 함께 한 이는 모두 여덟 성姓이니 산양山陽의 류柳·송宋·오吳·홍洪, 산음山陰의 이李·김金·성成·신申이다. 태반이 모두 낙척한 선비들로 궁벽한 고을과 멀리 떨어진 구석에서 살고 있으니 어찌 그 지기志氣를 다 풀어낼 수 있겠는가. 그러나 이 날 모임에 술에 취하고 홍취도 무르익으니 통창하게 세속을 떠나려는 생각이 일어났다. 꽃을 꺾어 세고 이끼를 깔고 앉아 자리를 함께 하니 즐겁고 기쁘기 그지없었다. 시끄럽게 떠들어도 거슬리지 않고 허물없이 바라보며 마음대로 누운 채로 사로 바라보며 웃을 따름이다. 손을 높이 들고 무릎을 꿇는 예법을 여훤驢楦4)처럼 여기고 화려한 수레와 면복을 보잘 것 없이 여기기 이것이야말로 천호산의 달관達觀이다. 그렇다면 천호산에는 볼 만한 경치가 모두 갖추어져 있는 것이 마침내 기록하고 이어서 시를 짓노라. 시는 다음과 같다.

소식은 이 해에 적벽부에서 노닐었고5) 蘇子是年遊赤壁
맹가는 이 날에 용산에서 술을 마셨네6) 孟公此日飮龍山

---

4) 여훤驢楦 : 기린훤麒麟楦을 가리키는 듯하다. 훤楦은 사물의 모형模型을 말한다. 당唐나라 때 양형楊炯이 매양 겉치레만 하는 무능한 조관朝官들을 조롱하여 부른 말이다. 그가 일찍이 말하기를 "지금 거짓 기린을 희롱하는 자들은 그 형체를 수식修飾하며 나귀 [驢]의 위에 덮어씌워서 완연한 이물異物로 만들기 때문에 그 껍데기를 벗겨 내면 다시 나귀일 뿐이다."라고 한 데서 온 말이다. 《古今事文類聚後集 卷18》

5) 소식은……노닐었고 : 소식蘇軾은 그가 47세 되던 임술년(1082) 7월 기망旣望에 적벽赤壁 에서 뱃놀이하고 이 날의 풍류를 〈적벽부赤壁賦〉라는 명문名文으로 남겼다.

6) 맹가는……마셨네 : 진晉나라 맹가孟嘉가 중구일重九日에 환온桓溫이 베푼 용산龍山의 주연酒宴

천호산의 모임 즐겁지 아니한가 天壺之會樂乎否
한 자리에서 우리는 세 경치를 모두 아울렀네 一席吾兼三大觀

에 참석했다가 술에 흠뻑 취한 나머지 바람에 모자가 날아가는 것도 깨닫지 못했다는 고사가 있다.《晉書 卷98 孟嘉列傳》

영회당 계첩의 서문
英會堂稧帖序

영회당英會堂은 매지梅芝와 죽송竹松 마을 사이에 있는데 이 지역의 글방이다. 우리 영주瀛洲의 씨족은 화산花山과 의춘宜春의 두 자손들과 이웃이면서 친척이면서 사제로 지냈는데, 매지와 죽송 마을에서 대대로 교제하고 지냈으니 효제목인孝悌睦婣과 시례문장詩禮文章을 덕업行業으로 삼은 것이 백여 년이 되었다. 옛날 성세 때 내 왕고王考의 여러 형제분들이 모두 살아계실 적에는 우리 부친의 여섯 형제분들 및 제부諸父의 형제분들이 모두 함께 계셨고, 내 조족인 지와공芝窩公이 살아계실 적에는 두 아우와 한 명의 아들, 세 명의 조카 및 표질表侄인 최공崔公이 모두 함께 계셨으며, 사일암思一庵 김공金公이 살아계실 적에는 아들과 조카 및 종제宗弟와 종질宗侄이 모두 함께 계셨으며, 화은花隱과 국봉菊峯 등 남공南公의 4형제분들이 모두 살아계실 적에는 덕행德行과 예학禮學, 문장文章과 명필鳴筆로 한 시대에 명성이 있었다. 당시 의논하는 자들이 이 분들을 낙중洛中의 기영회耆英會7)에 비교하기도 하였다. 우리 부친께서 학업을 닦는 장소를 만들어 꾸미고 경영하셨으니, 이것이 영회계英會稧의 시초이다.

이제 첫 번째 회갑回甲을 맞는 해가 되어 각 집안의 자제들이 서로 옛날 일에 감동하고 생각이 일어나 옛 터에다 새롭게 영회당英會堂을 짓고, 또 가까운 고을에 뜻을 함께하는 여러 군자들과 더불어 자재를 모아 새롭게 짓는 비용들을 마련하였으니, 이것이 영회계英會稧을 중수重修하게 된 연유이다. 나는 이 사업에 용렬하고 비루한 역량을 헤아리지 않고 감히 제공諸公들의 뒷자리에서 사업을 주관하여 성의를 다 바치게 되었다. 아! 이 영회당英會堂과 이 영회계英會稧는 단지 우리 집안에서 선대를 기리는 성대

7) 낙중洛中의 기영회耆英會 : 낙양기영회洛陽耆英會라고도 한다. 송宋나라 때 문언박文彦博이 사마광司馬光과 부필富弼 등 원로 13인과 결성한 모임이다.

한 사업일 뿐만 아니고, 단지 친척들이 옛 사업을 닦는 아름다운 일뿐만도 아니며, 단지 후학들이 교육하는 좋은 모범이 될 뿐만이 아니다. 영회당英會堂에서 함께 모이고, 함께 모여서 영회계英會稧를 만든 다음, 이를 미루어 확충하여 양호兩湖의 사우士友들 가운데 여기에 참여하는 이들이 많아진다면, 또한 소문을 듣고 흥기하는 일단이 될 만할 것이다. 그러하니 영회계英會稧를 함께하는 이들은 각기 힘쓸지어다!

정묘년(1807, 순조7) 늦봄에 좌주座主 고흥高興 유금柳琹이 삼가 쓰다.

어우집발
於于集跋

지극히 위대한 문장은 오랜 세월을 겪어도 길이 보존되고, 지극히 청고한 절의는 백대가 지나도 더욱 빛난다. 유명有明 만력萬曆 연간에 우리나라에 어우於于 유 선생柳先生이 계셨다. 선생은 절의와 문장을 겸하신 분으로, 백이伯夷·숙제叔齊와 같은 절의를 지니면서도 태사공太史公과 같은 저술이 있으며, 굴원屈原·두보杜甫와 같은 문장을 지니면서도 방효유方孝孺[8]와 같은 절의를 세운 분이다.

아, 선생의 타고난 기운은 구름 위로 솟구친 빛나는 산과 같았고, 선생의 마음가짐은 눈 속의 한 그루 소나무와 같았다. 처음에는 금규金閨(한림원翰林院)에서 세상을 피하고 예국藝局(홍문관弘文館)에서 노닐다가 수의繡衣를 입고 팔도를 두루 돌아다니고 옥절玉節을 잡고서 중국에 세 차례나 들어갔다. 뛰어난 문장으로 이미 당세에 이름을 떨쳤는데, 불행히도 혼조昏朝(광해군光海君)를 만나서는 정도正道를 지켜 종적을 감추고 동해의 물가를 거닐며 읊조리고, 개골산皆骨山에 은거하여 학처럼 고고하게 지냈으니, 근심스럽고 답답한 심정을 토로한 그 시문은 천 년 뒤에도 사람들로 하여금 강개하여 눈물을 흘리게 할 것이다.

인조仁祖께서 반정反正하시자, 선생은 홀로 불사이군不事二君의 의리를 지켜 국가의 존망存亡이나 시대의 명암明暗으로 평소의 지조를 바꾸지 않았다. 조용히 자처하는 도가 말에 넘쳐흘렀으니, 서문序文을 지어 고승高僧에게 맡기고,[9]

---

8) 방효유方孝孺 : 1357~1402. 자는 희직希直, 호는 손지遜志이다. 명 태조明太祖의 넷째 아들인 연왕(燕王 성조(成祖))이 조카인 건문제建文帝를 축출하고 제위帝位를 찬탈한 뒤에 그를 불러 즉위 조서詔書를 쓰게 하자 붓을 던지며 "죽으라면 죽겠으나 이 조서는 쓸 수 없다."라고 거절하여 멸족滅族의 화를 입었다. 《明史 卷141 方孝孺列傳》

9) 서문序文을……맡기고 : 유몽인柳夢寅의 《어우집於于集》 권5 〈유점사 승려 영운에게 주는 편지 [與楡岾寺僧靈運書]〉를 말한다. 유몽인은 이 편지에서 자신의 평생을 서술하고는 자신의 시문 수십 권을 승려에게 맡기며 초서로 써달라고 부탁하였다.

시를 지어 과부에 비유하였다.[10] "서산西山에 있었다[往在西山]"는 대답[11]과 "방효유를 따르겠다[願從方孝孺]"[12]는 말은 하늘에 질정하여도 부끄러움이 없을 것이다.

아! 후사가 이미 끊어지고 세월이 또 오래 흘러 선생의 유집遺集 80여 권이 거의 흩어져 없어지고 말았다. 나는 선생의 방손傍孫으로서 더욱 이에 감개하여 여기저기 흩어진 시문을 오랜 세월 동안 수집하여 지금 약간 편을 이루었다. 보존된 시문이 10분의 1도 채 안 되지만 이를 간행해서 널리 유포하여 적임자에게 전하여 선생이 남기신 뜻의 만분의 일이나마 기술하게 하고자 한다.

아! 전조前朝(정조正祖)의 해와 달처럼 밝으신 빛이 다시 지하를 비추어 선생의 원통함을 씻어주고 선생의 충절을 드러내 주셨다. 또 선생의 시문詩文에 감흥을 일으켜 『이소離騷』에 견주시고, 백이·숙제와 같은 절의를 지녔음을 인정하셨다.[13] 전후로 판부判付한 문장[14]이 만고에 밝게 드

---

10) 시를……비유하였다 : 《어우집於于集》 권2에 〈보개산 사찰 벽에 쓰다 [題寶盖山寺壁]〉라는 제목으로 실려 있는데, 흔히 〈상부시孀婦詩〉로 알려져 있다. 개가改嫁하지 않고 절조를 지키는 과부를 읊은 시인데, 내용은 다음과 같다. "일흔 살 늙은 과부, 홀로 빈 방을 지키네. 여사의 시 자주 읽어서 임사의 교훈을 조금 안다오. 주위 사람 시집가라 권하는데, 남자 얼굴 무궁화처럼 잘생겼다네. 흰머리에 젊게 화장한다면 어찌 연지분이 부끄럽지 않으랴. [七十老孀婦, 單居守空壺. 慣讀女史詩, 頗知妊姒訓. 傍人勸之嫁, 善男顏如槿. 白首作春容, 寧不愧脂粉?]"

11) 서산西山에 있었다 : 유몽인이 광해군 복위 모의에 가담했다는 혐의로 양주楊州 서산西山에서 체포되어 국문을 받을 때에 위관委官이 "어찌 축하하는 반열에 참여하지 않고 떠났는가?"라고 캐묻자 "나는 서산에 있었던 것뿐이오."라고 대답하였다. 《어우집 후집於于集後集》 권6 부록에 수록된 서유방徐有防의 시장諡狀에 나온다.

12) 방효유方孝孺를 따르겠다 : 유몽인이 국문을 받을 때에 한 말로, "현명한 아비나 어리석은 아비나 자식은 효도를 다해야 하고, 밝은 임금이나 어두운 임금이나 신하는 목숨을 바쳐야 한다. 백이숙제와 방효유가 처한 상황은 달랐지만 두 임금을 섬기지 않은 것은 똑같다. 나는 방효유를 따라 지하에서 노닐고자 한다."라고 하였다.《어우집 후집於于集後集》 권6 부록에 수록된 서유방徐有防의 시장諡狀에 나온다.

13) 선생의……인정하셨다 : 《정조실록正祖實錄》 18년 9월 30일에, "내가 세상에 통행되는 필사본을 구하여 유몽인의 시문 몇 편을 보니, 태반이 굴원屈原의 《이소경離騷經》처럼 답답하고 불평스러운 심정을 토로한 글이라, 책을 덮어도 감흥이 일어났다."는 내용과 "김시습과 유몽인 저 두 사람이 흠모한 것은 백이와 숙제이다. 한쪽은 살고 한쪽은 죽은 것이

러나 있으니, 아! 선생의 밝은 신령이 필시 저승에서 감읍할 것이요, 또한 장차 절의와 문장을 겸비한 천하 후세 사람들에게 길이 할 말이 있으리라.

선생이 돌아가신 지 192년 된 갑술년(1814, 순조14) 봄에 7대 방손 유금柳琹은 절하며 삼가 발문을 쓴다.

다르지만 자취와 때일 뿐, 마음속으로 조용히 의리를 취한 일편단심은 백년 뒤에 대조해 보아도 털끝만큼의 차이가 없다."라는 정조正祖의 하교가 있다.

14) 전후로 판부判付한 문장 : 《정조실록》 18년 5월 12일과 9월 30에 정조의 하교와 판부 기사가 실려 있다. 5월 12일 판부 기사는 대략 다음과 같다. "유몽인이 읊은 〈백주栢舟〉와 〈남록南麓〉은 실로 천고에 뛰어난 작품이다. 혼조昏朝 때에는 정도를 지키느라 은거하였고 반정한 뒤에도 한번 먹은 마음을 바꾸지 않았다. 기자헌奇自獻은 함께 무고를 당했지만 곧바로 복관되었는데 유몽인은 이런 절개를 지니고도 끝내 거론되지 않았으니, 길재吉再와 김시습金時習 등을 관용하던 성조聖朝의 뜻이 아니다."

작소상량문
鵲巢上樑文

천황씨天皇氏가 목덕木德으로 1만 8천년 동안 왕 노릇하여 반짝이는 별들 아래를 비추고, 새는 3백 6십종이 있지만 오직 너의 보금자리에 들보를 올리네. 날아갈 듯한 추녀와 안락한 작은 집 가운데 우궁羽客이 있으니 그 이름은 작鵲이라네. 진월인秦越人의 족속이요, 유소씨有巢氏의 백성이라네. 적벽赤壁의 밤에는 달이 밝고 별이 드물다는 시구를 읊조리고, 은주銀洲의 칠석七夕에는 견우와 직녀의 다리를 날아서 건너네. 새 새끼처럼 부실하게 먹고 메추라기처럼 일정한 거처도 없는 것을 생각하면 이곳에 거처함이 마땅하고, 저 잠자는 갈매기와 고요히 서있는 백로를 따라하여 어찌 밖을 소요하려 하는가.

이에 거대한 기초 위에 새집을 짓고 책력冊曆에서 길일을 택하여 곡강曲江의 비둘기를 시켜 소식 전하니 고산孤山의 학이 오는구나. 산에는 온전한 가지가 없거늘 정위精衛가 나무에서 허비하고, 하늘이 아직 장맛비를 내리지 않았는데 치악鴟鶚이 뽕나무 뿌리를 가져가네. 세성歲星이 자리한 곳에 바람이 뒤따르니 방위에 따라 전후를 구분하고, 위로는 마룻대를 세우고 아래로는 처마를 드리우니 온힘을 다하여 고생고생하네. 계동季冬에 공사를 시작하는 것이 유리함은 『월령月令』에 실려 있고, 중앙을 한 목재로 지탱하는 것은 『설문說文』에 기록되어 있네. 온갖 새들의 지혜는 동등하게 여기는 것만 못하니 한 가지의 둥지에서 즐길 수 있다네. 우러러 당길 수 있고 아래로 굽어볼 수 있으니 한 자 되는 땅에 날아갈 듯한 누각을 세우고, 뿌리를 헤아리지 않고 끝만을 가지런히 한다면 한 치 되는 나무가 높은 누대보다 높을 수 있다네. 하루도 못되어 완성하니 인력으로 할 수 있는 것이 아니라네. 피리와 같은 들보 하나를 왕이王爾가 걸음쇠와 먹줄 없이 만들고 질박한 나무는 화려함이 없으니 공수반公輸般과 수倕가 그림쇠와 곱자 없이 완성하였네.

황작루黃雀樓, 봉황대鳳凰臺, 지작관鳷鵲觀 등은 모두 헛된 명성이요, 공작병孔雀屛, 원앙와鴛鴦瓦, 비취렴翡翠簾 등이 어찌 아름다움을 독차지하리오. 봉전鳳篆으로 쓴 편액을 걸고자 하는데 서계書契를 만든 조적鳥迹이 없음이 한스럽네. 갓을 쓴 사내와 부녀자들은 장막에 들어와 축하의 말을 던질 뿐이고, 화려한 의복을 갖춘 공자들은 들보를 둘러싸 아리따운 노래를 부를 따름이네. 이에 앵무鸚鵡로 하여금 말하게 하고, 다시 조악鵰鶚으로 하여금 함께 추천하게 하네. 그리곤 까마귀 떼 모이는 쓸쓸한 연회를 베풀어 일제히 새들이 춤추는 즐거운 음악을 울리네. 서쪽 못에서 가객佳客을 맞이하니 백로가 떼 지어 날아오고, 적벽赤壁에서 도사道士를 맞이하니 외로운 학이 울면서 날아오르네. 봄 숲에서 술병을 들어 술잔 분주히 돌리며 달빛에 취하고, 새벽녘 눈썹을 화장하고 복장을 단장하여 춤을 추니 회오리바람이 일어나네. 이때 오유선생烏有先生이 날듯이 나오니 봉황을 읊조린 두보杜甫의 시재詩才요, 거위와 바꾸었던 왕희지王羲之의 서법書法이라네. 계모鷄毛로 만든 붓을 휘둘러 학우鶴羽로 만든 종이에 펼쳐내네. 벽계옹碧溪翁의 글 솜씨는 꾀꼬리를 노래한 이백李白을 방불케 하고, 설의랑雪衣娘의 문장력은 양웅揚雄의 『태현경太玄經』을 도운 동오童烏와 흡사하네. 좋은 새는 봄날에 지저귀고 훌륭한 새가 나무를 가려 앉는 것이 위대하기에 마침내 성사盛事를 기리며 가로놓인 들보에 남겨두네.

(어영차) 들보 동쪽에 떡을 던지세. 겨울 갈까마기가 붉은 화륜火輪에서 나오고 복숭아나무가 삼 천 리에 펼쳐져있네. 새벽녘 천계天鷄의 울음소리를 일어나 듣네.

(어영차) 들보 서쪽에 떡을 던지세. 만 리 염주炎洲에 청남靑嵐을 거두고 어리석은 부녀가 명당明璫을 벗어던지고 석침石枕에서 밤새도록 남자에게 아양을 떠네.

(어영차) 들보 남쪽에 떡을 던지세. 상림上林의 나무가 광제光齊에 있으니 집집마다 3경의 달밤에 기뻐하네. 정위廷尉는 문 앞에서 다시 깃들려고 하네.

(어영차) 들보 북쪽에 떡을 던지세. 물수리가 강가에 날아오니 부인은 『소남시召南詩』를 외고 주후周后의 인자함이 사국四國에 교화되었네.

(어영차) 들보 위쪽에 떡을 던지세. 준마와 학이 어지러이 날아가네. 높은 옥루玉樓가 하교河橋 곁에 있으니 장길長吉의 문사가 화방畵牓에 쓰여질 것이네.

(어영차) 들보 아래쪽에 떡을 던지세. 망조莽鳥는 야마野馬를 날아가네. 작은 정원에서 여자아이들 노니는 모습을 정히 볼 것이니 남자아이들 존귀한 모습이 꿩처럼 시끄럽겠지.

삼가 바라건대, 들보를 올린 이후엔 보금자리에 재앙이 없고 새들은 화목하게 살지어다. 형산荊山의 보옥과 비석처럼 손길이 닿질 않아 무탈함을 기뻐하고, 연기 자욱한 버드나무 바위 가와 같이 날아올라 기운을 얻는 것을 칭송할지어다. 온갖 언변으로 축하한들 비둘기처럼 남의 보금자리를 빼앗지 않을 것이니, 떼 지어 아리땁게 울어본들 까치의 즐거움만 못하리라. 비바람이 몰아친들 어찌 나무에 산다고 떨어지리오. 만고토록 축복받은 새둥지를 길이 보존할지어다.

오회시축의 서문
五會詩軸序

목주木州의 동쪽에는 작성산鵲城山과 단운산端雲山이 있고, 산 아래에는 갈전계葛田溪와 만화계萬花溪가 있으며, 개울을 따라 위아래에는 노반老磻, 광덕廣德, 도죽桃竹, 지매芝梅 등의 장원莊園이 있는데, 장원의 거리가 10리도 되지 않아 가깝게는 기침소리도 들릴 정도이다. 이곳에는 서너 집의 성씨姓氏가 살고 있는데 이 지방의 명망있는 집안으로 모두 문학을 업으로 삼아 대대로 지키고 있으니 제로齊魯 지방[15]의 천성과 같다고 하겠다. 매번 안개 낀 아침과 달 밝은 저녁이 되면 꽃을 감상하고 새소리를 들으며 배회하여 서로 따르고, 술잔을 기울이며 서로 즐긴 것이 오래되었다. 《대록지大麓誌》에 실린 것들은 하나같이 《여지승람輿地勝覽》의 조례를 따랐으니, 산천山川과 성씨姓氏를 표제로 쓰고 풍속風俗과 제영題詠을 채록하여 영구히 이 지역의 문헌고사로 삼았다. 이백주李白洲(이명한李明漢)의 기록에, "목주 사람은 충후忠厚하여 대부분 지행志行을 갖추고 있다 ."라고 하였고, 김학주金鶴洲(김홍욱金弘郁)의 시에, "산천은 울창하여 영기英氣가 많고 백성들의 풍속은 순후하여 고풍이 있네."라고 하였으니, 이것을 보면 그 징험하는 바를 더욱 알 수 있다.

근래 나와 동지 몇 사람이 함께 모의하며 말하기를, "우리들이 비록 고인들에게 만분의 일도 미칠 수 없지만 선현들이 노닐었던 곳에 살고 있으니, 유풍을 계승하고 대대로 이어진 교의를 닦아 옛날의 진솔한 유람을 모방하여 낙중洛中의 제현들이 부필富弼의 집에 모였던 것처럼 흉금을 펼쳐내어 우리의 첫 번째 모임으로 삼는 것이 어떻겠는가?"라고 하니, 모두들 "좋다."라고 하였다. 마침내 8월 9일에 죽소竹巢에 모여 술을 마시며

15) 제로齊魯 지방 : 제齊나라와 노魯나라는 맹자와 공자가 출생한 지역으로, 문교文敎가 성행하였기 때문에 학자가 많이 배출되어 예교禮敎가 성행하는 지역을 일컫는 말로 쓰였다.

시를 읊조리니 즐거웠다. 또 말하기를, "소자첨蘇子瞻도 적벽赤壁에서 두 번의 유람을 하였으니 우리들이 한 번만 모이고 그쳐야 되겠는가."라고 하였다. 그래서 동짓날 중순이 되면 첫 번째 모임처럼 도원桃源에서 다시 모이고, 두 번째 모임처럼 덕신德新에서 세 번째로 모이고, 또 12월에 영당英堂에서 네 번째로 모이고, 이전과 같이 광기廣基에서 다섯 번째로 모였다. 모이면 반드시 술을 마시고 술을 마신 후에는 반드시 시를 읊조렸으니, 전후로 수창한 시들을 모아 《오축시五軸詩》를 완성하였다. 모두 백여 편으로 각자 5편씩을 지었는데 더러는 3, 4편을 짓기도 하고 더러는 1, 2편을 짓기도 하였으니, 모두 그 모임에 참석하여 시를 짓거나 소식을 듣고 화답시를 보낸 경우도 있다. 시축詩軸에 적힌 작자의 성씨姓氏는 윤씨尹氏, 남씨南氏, 원씨元氏, 박씨朴氏가 한 사람씩이고, 완산完山 이씨李氏가 두 사람이고, 상당上黨 한씨韓氏가 세 사람이고, 명주溟洲 김씨金氏가 여섯 사람이고, 화산花山 김씨金氏가 여덟 사람이고, 우리 고흥高興 유씨柳氏가 열두 사람이다. 또 일이 생겨 오지 못한 경우와 약조하지 않아 오지 못한 경우가 많으니, 모두 모여서 각자 시를 지었다면 이 지역의 십리 안에 술을 좋아하고 문사를 즐기는 무리들이 수천 명이 될 것이다. 어찌 이 정도에만 그치고 말았겠는가. 그러나 이 다섯 번의 모임에 수고로움을 마다하지 않고 혼잡한 가운데 왕래하였으니 노인들은 지팡이를 짚고 젊은이들은 어른을 모시면서 백발과 홍안의 사람들이 길에 가득하였다. 잘 알지 못하는 자는 술 때문에 모인다고 생각하고 아는 자도 시를 짓기 위해 모인다고 생각하였는데, 여전히 우리들의 본뜻이 술과 시에 있지 않고 옛 사람을 받들고 후세를 권면하는 뜻에 있다는 것을 알지 못한다.

시험 삼아 보건대, 이곳에는 회암晦庵(주희朱熹)을 모시는 죽림서원竹林書院이 있고 한강寒岡(정구鄭逑)의 정자 옛터가 있고 노은정老隱亭과 자한정自閑亭의 제영題詠이 있고 선원仙源(김상용金尙容)의 석실서원石室書院이 있고 도영암倒影岩과 삭성대削成臺에 새긴 필적이 있고 망해암望海庵과 은석사銀石寺의 시사詩社가 있고 영회당英會堂 건물이 있다. 시단詩壇을 크게 열어 문단文壇을 활보하여 당세 사람들로 하여금 땀을 흘리며 분주하게 달려오는 유풍이 생긴다면, 제갈공명諸葛孔明이 남양南陽에서 몸소 농사를 짓자 와룡강臥龍岡이 천하에 이름이 나고, 두자미杜子美가 완화浣花에 집을 짓자 사촉四蜀의 강산이 천고토록 빛을 내고, 강절선생康節先生(소옹邵雍)이 낙하洛下에서 도를 이루자 열두 집의 행와行窩가 생겨 유교의 낙토가 되는 것과 같이 될 것이다.

우리들이 이곳에서 자라면서 단지 산천과 성씨만을 알고 그 풍속과 제영을 모른다면, 이는 비유하자면 강가의 어부가 푸른 물결에서 유유자적하게 노닐 줄만 알고, 자신이 용면龍眠(이공린李公麟)과 같은 화가에게 그려지면 채색화 한 폭이 됨을 알지 못하며, 노를 젓는 소리가 시인에게 들리면 산수가 푸르다[16]라는 시구가 됨을 알지 못하는 것이다. 지금의 이 《오회시축五會詩軸》이 비록 안목을 갖춘 자의 눈에 들거나 여지輿誌에 실리기엔 부족하지만, 집안의 아이 영무榮茂가 부친을 따라 모임의 말석에 참석하였는데 여러 공들이 읊조린 시들이 쓸모없이 버려지지 않도록 하려고 마침내 한데 모아 한 질로 만들었으니 그 뜻이 또한 가상하다. 그러므로 이 서문을 써서 그 자취를 기록하노라.

갑술년(1814, 순조14) 12월 모일에 오천옹梧泉翁이 쓰다.

16) 시인에게……푸르다 : 당唐나라 유종원柳宗元의 〈어옹漁翁〉에 "물안개 걷히고 해가 솟으니 사람은 보이지 않고, 애내 한 소리에 산수가 푸르구나.[烟消日出不見人, 欸乃一聲山水綠.]"라고 한 것을 가리킨다.

동계첩 뒤에 쓰다
洞稧帖後題

동계洞稧는 옛날의 법식이다. 신안新安 주자朱子의 사회社倉, 남전藍田 여씨呂氏의 향약鄕約이 모두 이러한 도리이다. 이를 미루어 확충하면 나라를 다스리고 천하를 안정시키는 데 합당하지 않음이 없다. 우리 고을에 구설에 의하면 고을의 조약을 정한 것이 갖추어져 있다고 하는데, 선인께서 여기에 뜻을 두어 그것을 중수하고 인력과 재력을 모아 확충하여 훗날 백성의 폐단이 커지는 것을 없앴다. 장강長杠과 작은 방상方床에는 휘장揮帳, 앙장仰帳, 촉롱燭籠, 요령搖鈴 등의 물건들을 보수하거나 새로 만들었고 창고를 영회당英會堂 앞으로 옮겨놓았다. 공사가 끝나자 향음주鄕飮酒의 의례를 대략 진설하고 명첩을 증수하였다. 나는 삼가 여기에 깊이 느끼는 바 있어 권말에 기록하는 바이다.

때는 기사년(1809, 순조9) 3월 15일이다.

죽은 딸을 위해 쓴 제문
祭亡女文

정축년(1817, 순조17) 동짓달 17일은 바로 우리 죽은 딸 유인孺人 이실李室의 상기일祥朞日이다. 상기일 전 을묘일 저녁에 아비가 한질寒疾로 인해 직접 가서 곡하지 못하여 통탄하고 슬픈 마음을 이길 수가 없었다. 이에 대신 너의 오빠를 통해 제문을 지어 고하노라.

아, 슬프도다! 영령은 와서 내 말을 들을지어다. 너는 이미 세상을 떠나 형적이 사라졌으니 혼백은 어디에 있는가. 아득한 구원에 있구나. 내가 비록 말을 한들 네가 어찌 알아주랴. 그러나 네가 태어났을 때 자못 글자를 이해하여 가르치지 않아도 능하였고 소리와 뜻을 깨우쳐 마음이 통창하였으니 여자로서 선비다웠다. 비록 이별했지만 그리운 마음이 그치질 않아 마음속에서 우러난 글이 상응하여 알아주는 듯하니, 원컨대 내 말을 잘 들어주어 살아있을 때처럼 하여라. 지난 정사년(1797, 정조21) 6월 상순의 4일은 네가 태어난 날인데 그 날은 인일寅日이었다. 우리 집은 사내아이가 많은데 네가 태어나 기특하였다. 지극히 가난하여 너를 데리고 남쪽으로 가다가 물가에서 말이 넘어져 너를 물에서 건져내기도 하였다. 타향살이 6년에 아이들에게 말을 가르치고 금강錦江의 북쪽으로 데리고 갔다가 다시 고향으로 돌아왔다. 너에게 길쌈을 가르쳐 삼베는 네가 만들게 하였다. 이마에 생긴 종기를 불어주고 뺨에 생긴 부스럼을 빨아주기도 하였다. 시집을 가기 위해 함께 한양漢陽으로 왔다. 빌린 집은 비록 작았지만 공경과 재상의 이웃이라 귀족의 아이들이 어지럽게 왕래하였다. 그대 집안의 딸을 어질고 온화하며 정숙하다고 말하고, 모든 이들이 한 입으로 의당 복록을 누릴 것이라 하였다.

짐을 싸서 살던 곳을 떠나 목주木州로 돌아오니, 집을 이리저리 옮긴 것이 다시 오백 리였는데 한 번도 널 두고 간 적이 있었더냐. 너를 특별히 사랑해서였다. 방년 18세에 너를 적당한 집안에 시집보냈는데 옥윤玉潤의 자질이라 연회가 더욱 기뻤다. 소울음소리가 들릴 정도의 멀지 않은 근방에서 살고 있어 날마다 소식을 듣고 달마다 모습을 볼 수 있었다. 내가 너를 칭찬해서가 아니라 시집을 갔어도 효성이 깊었으니 늙은 나도 가서 보기도 하였고 너도 자주 친정에 문안을 하러 왔다. 어릴 적부터 사모하던 마음이 성대하게 밖으로 드러난 것이었다. 다만 부끄러운 것은 아비가 가난하여 네가 시집갈 때 박하게 챙겨주느라 대나무로 만든 상자와 거친 옷가지뿐이었다. 비취색 구슬로 화려하게 치장하는 것은 여자면 인지상정이건만 너는 이런 장구들을 원하지 않았으니 너의 견식이 자못 총명하였다.

남을 사랑하여 베풀기를 기뻐하였기에 자신의 수고롭고 굶주림은 잊었고 밖으로 성을 내지 않고 늘 웃으며 화락하게 지냈다. 세수하고 부엌에 들어갔으며 고개를 숙인 채 베틀에 기대어 존친尊親을 위해 봉양하고 공자公子를 위해 옷을 만들었다. 남편은 좋은 배필이라 하고 시아버지는 어진 며느리라 하였으며 곁에 있는 작은 시누이는 너를 자기 어미처럼 의지하였다. 또 너의 집안에 기뻐할 만한 일이 있어 연달아 과거에 합격하였으니 시아버지는 초시初試에 합격하고 남편은 장원급제하였다. 네가 하늘에 기도하여 성심으로 목욕재계한 결과이니 사람들은 덕 있는 집안에 길한 경사가 강물이 모이듯이 넘쳐난다고 말하였다.

불행한 인사는 하늘의 뜻도 믿기 어려우니 네가 혹 복이 지나쳐서 단명한 것이냐. 겨우 딸 아이 하나를 낳고서 마침내 병으로 고통스럽게 지냈으니 약한 체질에 몸을 상하게 되어 좋은 약도 아무 효과가 없었다. 연한 삼베옷으로 손발을 감싸고 모습은 이내 초췌해졌다. 부모가 눈앞에 버젓이 살아있는데 갑자기 세상을 떠났으니 향년 20세로 세상과 영영 이별하였다. 하늘이 어째서 이리 빨리 데려갔는가. 슬프고 안타깝도다!

평생 예뻐했던 너를 이제 어디서 볼 수 있으랴. 너의 남편은 그 심정이 가련하다. 밤낮으로 간호하여 반드시 온전히 살려내고 싶었지만 이제는 거문고 줄이 갑자기 끊어지고 봉의 부리로 만든 아교풀로 줄을 잇기가 어려워졌구나. 6월에 서리가 날리고 청산에 옥을 묻으니, 비단 나만 슬퍼하는 것이 아니요 누군들 참담한 심정이 아니겠는가. 너를 상여에 실어 너의 집으로 가니 남편의 친족들이 모두 가슴이 막혔고 마을 사람들은 통곡하고 노비들은 눈물을 흘리니 어찌 그러한가. 그 심정을 알 만하구나. 시집간 지 2년 동안에 부인의 덕이 아무런 흠결이 없었으니 사람의 마음이 이처럼 슬프고 안타까운 것이다. 뒷동산에서 무덤에 술 잔 올린 이후로 서리와 이슬이 이미 바뀌었으니 외로운 너의 혼백이 가련하구나.

너는 이 아비를 위해 맛난 술을 가져다주려 했는데 아비가 박복하여 너는 몸을 보존하지 못했구나. 너는 어미를 위해 따뜻한 옷을 바치려 했는데 어미도 운명이 기구하여 네가 먼저 가버렸구나. 너의 어린 자식은 참담하여 차마 볼 수가 없구나. 어미젖을 떼기도 전에 가버렸으니 어찌 어미의 얼굴을 기억하겠느냐. 네가 지하에서도 눈을 감지 못하는 것은 응당 아이가 그리워서겠지. 이제 돌이 지나 기어 다니며 걸음마를 배우고 있으니 어린 혈속이 잘 자라기를 바랄 뿐이다. 나는 너를 위해 곡을 하고부터 점점 머리가 세고 있으니 얼마 지나지 않아 지하에서 만나게 될 것이다. 죽기 전에는 너를 차마 잊지 못할 것이니, 네가 지각이 있거든 강림하여 이 말을 들을지어다.

어우당 영정을 바꾼 후의 고사
於于公影幀改摸後告辭

숭정崇禎 190년 정축년(1817, 순조17) 6월 무인일에 방손 아무개 등이 현방顯旁 선조先祖 증贈 자헌대부資憲大夫 이조판서吏曹判書 겸 지경연知經筵 의금부사義禁府事 홍문관대제학弘文館大提學 예문관대제학藝文館大提學 지춘추관성균관사知春秋館成均館事 오위도총부 도총관五衛都摠府都摠管 행 가의대부嘉義大夫 이조참판吏曹參判 겸 동지경연同知經筵 의금부사義禁府事 홍문관대제학弘文館提學 예문관대제학藝文館提學 동지춘추관성균관사同知春秋館成均館事 오위도총부 부총관五衛都摠府副摠管 어우당於于堂 부군府君께 감히 아뢰옵니다.

엎드려 생각건대 공의 예전 충훈부忠勳府의 도상圖像이 영양瀛陽의 책상자에 전해져 운사雲祠에서 제사를 드렸습니다. 세월이 바뀌어 서본緖本이 해어져 장차 영원히 민멸될 것이니 어찌 눈물을 금하겠습니까. 애달픈 마음으로 사모하는 정을 일으켜 이에 영정을 바꾸니 한 폭이 완연하게 초상화가 완성되어 받들고 돌아왔습니다. 대목大木의 고을은 방손들이 거처하는 곳이니 신령이여 왕림하소서. 새로이 신사新祠를 지으려고 재력을 모았지만 완성하지 못하고 감히 임시로 안치하였으니 매우 황송할 따름입니다. 우리의 선조 태우공泰宇公[17]은 바로 공의 막내 조카로 갑자년(1804, 순조4)에 고문제告文祭를 설행하고 8월 5일에 유지를 추모하여 삼가 술잔을 올리며 여러 족속들과 함께 공경히 고하고 삼가 고합니다.

17) 태우공泰宇公 : 유활(柳活, 1576~?)을 가리킨다. 자는 원숙源叔, 호는 태우泰宇이다.

김고원에게 답한 편지
答金高原書

철협鐵峽(철령鐵嶺)은 하늘에 가로질러 있어 천 리 길을 달려 소식을 전하기기 힘듭니다. 정신은 날마다 그대를 그리워던 차에 그대의 편지를 받으니 마음이 얼마나 시원해졌겠습니까. 게다가 근래 사는 형편이나 정신이 만복하시니 얼마나 위로가 되는지 모릅니다. 그러나 영박嬴博[18]의 슬픈 소식을 들으니 너무도 안타깝습니다. 허리에 황색 인끈을 차고 일찍부터 슬하에서 색동옷을 입고 부모님께 효도하려 했건만 영구한 복이 원만하지 못하게 되었으니 조물주가 또한 매우 시기해서입니까? 우러러 탄식하고 슬플 따름입니다.

어린 아우는 졸렬함을 지키면서 생명이나 부지하는 이외에 무엇을 일삼겠습니까. 다만 생각건대 젊은 시절 원방의 신이 도왔지만 스스로 돌아보면 졸렬한 재주를 청산의 가시 울타리에서 부질없이 사용하여 글을 배우지도 못하여 중간만 하고 있으며 한갓 모자란 사람들만 만나고 있으니 부끄럽고 우스울 따름입니다. 또 오늘날 관산關山에서 보내신 편지는 바로 작년 진양晋陽에서 보낸 유풍으로 바쁜 공무의 여가에 고향의 옛 벗에게까지 생각이 미친 것입니다. 이는 오늘날 고인古人의 유풍이라 할 수 있습니다. 감격하고 감사한 마음에 답장을 보내 웃음거리나 보태려 하니 어떻게 생각하십니까?

18) 영박嬴博 : 아들의 죽음을 말한다. 영박은 춘추 시대 제齊나라 지명인 영현嬴縣과 박현博縣으로, 오吳나라의 계찰季札이 제나라로부터 돌아오다가 아들이 죽어 영현과 박현의 사이에 있는 땅에 장례를 지낸 일이 있다. 《禮記 檀弓下》

촌민 산신제 축문

村民山祭祝

엎드려 생각건대, 대록大麓(목천木川) 가운데 은석산銀石山이 높고 은석산 동쪽에는 구계九溪가 모여서 합치됩니다. 삼봉三峰은 우뚝하여 천하에서 가장 높이 솟아 만년토록 우리 병천并川을 진무하여 병풍처럼 에워싸고 있습니다. 칠성신七星神이 강림하여 신령함으로 남몰래 아득히 보우하여 지세가 예로부터 지금까지 자오子午에 위치하고 있습니다. 이제 길일을 택하여 삼가 고하며 정결하게 제사를 지내니, 변두籩豆를 진설하고 희생과 폐백을 새로 올립니다. 빛나고 밝은 신령이시여 흠향하소서. 바라건대 반드시 우리를 비호하여 많은 경사와 행복을 우리 마을에 독실히 해주시고 우리 인사들에게 베풀어 주십시오. 어짊을 아름답게 여기시어 온갖 복을 내려 기쁘게 해주시고 부모는 장수하게 해주고 부부는 화목하게 해주며 자손들은 유구하도록 해주십시오. 재화가 높이 쌓이고 오곡이 풍년이 들며 가축들은 튼실해지고 살림도 날로 넉넉해져 부귀가 구름처럼 일어나게 해주십시오. 집집마다 곡식이 쌓이고 사람마다 배불리 먹게 해주십시오. 무탈하게 인재를 육성하여 집집마다 편하게 해주십시오. 이는 모두 산신령의 은혜이니 후손들을 번성하게 해주십시오. 변변찮은 제수를 올려 영원토록 변치 않겠으니 조화의 주인은 공용을 널리 베풀어 주십시오.

서은당기
瑞隱堂記

뜻을 품은 선비가 그 뜻을 얻지 못하면 숨어 사는데, 시와 술에 숨기도 하고 물고기 잡이, 땔감을 캐거나 짐승을 치는 일, 대장장이 일을 하면서 숨기도 하고 세상 밖 승려가 되어 숨기도 하니 모두 자신의 뜻을 부친 것이다. 나의 친척 형님인 김자순金子順은 뜻을 품은 선비로 일찍부터 뛰어난 재주를 품고서 세상에 나아가 쓰이기를 노력하여 스스로 기약한 것이 본디 얕지 않았거늘, 결국은 시대가 사람과 어긋나고 명운이 원수와 도모를 한 듯 포의 신분으로 늙어가니 애석하다. 그러나 그 뜻은 감개함을 품지 않고 서운산瑞雲山에 들어가 초가집을 짓고서 '서운瑞雲'이라고 편액을 달았으니, 장차 세상을 벗어나 감개함이 없는 듯하였다.

하루는 내게 다음과 같이 말했다. "내가 어찌 숨어사는 사람이겠는가. 나는 강릉江陵이 세거지인데 예로부터 고고한 선비들이 많다고 일컬어졌다. 나의 방선조인 매월공梅月公은 높은 뜻을 품고 벼슬살이를 하지 않았는데 불가에 자취를 의탁하였다. '삭발하는 것은 속세를 떠난 것이요, 머리를 기르는 것은 장부임을 드러낸 것이네.'라는 시를 짓고서 마침내 종신토록 은거하였다. 나의 5대조인 세마공洗馬公은 병자호란을 만나 벼슬살이에 뜻을 두지 않고 '남쪽으로 옮겨온 세상이 어떠하리, 오늘날 동창에서 화답하여 노래한들 어떠하리'라는 글을 남겼다. 그날로 깊은 산 도원촌道元村으로 돌아가서는 스스로 '도원桃原'이라고 호를 지어 세상밖에 노닐 뜻을 부치고 은거하였다. 지금의 나는 곤궁하고 실의한 자이긴 하지만 감히 은거하기를 자처하려는 것이 아니라 오직 세상에서 뜻을 구할 생각이 없을 따름이다. 자취는 비록 다르지만 그 뜻은 동일하기에 서운산에 은거하고 내 집의 이름을 '서은'이라고 한 것이다. '서은'이라는 명칭을 어찌 명당이라 속이겠는가. 매월공의 시와 세마공의 글을 벽에 특별히 걸어두고 출입하며 생활할 때 항상 눈으로 보고 외우며 마음속으로 느끼며 사모하려는 것이다."

나는 다음과 같이 말했다. "훌륭하구나, 그대의 뜻이여! 한갓 부귀를 떠가는 구름처럼 여긴 것만이 아니구나. 비록 은거하지만 가풍을 잊지 않고 그 시를 외우고 그 글을 읽으며 백세의 맑은 유풍이 완연히 방 하나에 남아있으니 기꺼이 집을 지을 만하구나. 자순이여, 참으로 서운산의 숨은 군자로구나! 비록 그렇지만 그대의 뜻이 어찌 여기에만 그치겠는가. 산에 들어가 고요함을 기르고 구름 가에 누워 이치를 궁구하여 세상사에 대해 환하게 알 것이니 그대가 거하는 곳이 어찌 우연이 아님을 모르겠는가. 산의 이름이 '서운'인 것은 상서로운 구름이 있기 때문이다. 혹자는 운기관雲紀官이라고 한다. 그대의 형제와 여러 종제들이 청운의 길에 오를 만하고 그대에게는 빼어난 재주를 지닌 훌륭한 아들이 있으니 구름이 신령하구나! 구름의 기운이 모였다가 산골짜기에서 뿜어 나와 장차 인간 세상에 비를 내릴 것이니, 그렇다면 그대의 은거하는 곳을 일러 '서운'이라고 한 것 또한 마땅하도다."

도동서원[19] 강당 중수 상량문

道東書院重修講堂上樑文

우리의 도道는 해동海東에서 더욱 광채를 내어 이미 영령을 편히 모시는 사당을 설치하고 많은 선비들이 모두 강가의 조상의 덕을 닦고 학업을 연마하는 강당에 모여 있다. 은산銀山은 빛나는 광채를 뿜어내거나 품고 있으니 고을의 이름은 목악木岳이요 지명은 죽림竹林이다. 해좌海左 지방 예의禮義의 마을로 문명文明이 성대하며, 호서湖西 지방 청숙淸淑한 기운이에 얽히고 서려있다. 맑고 빼어난 산수가 사랑할 만하니 예로부터 충후忠厚하고 지행志行으로 뛰어난 인물이 많다고 일컬어졌다. 삼한三韓의 명문 귀족들은 유도儒道의 장수藏修[20]를 중요시하여 만력萬曆 명明나라 때 서원을 창건하여 개척하였다. 천지가 신비로워 신이하게도 옛 종에 글자를 새겨놓고 자획이 분명하여 한천정사寒泉精舍[21]의 이름과 같다. 눈앞에 보이는 푸른 바다 물결이 비록 천리 밖에 떨어져있지만 가을날 못 속에 비친 밝은 달빛이 천년토록 은은히 빛나고 있다. 그곳을 돌아보면 와룡암臥龍菴[22]의 옛 규법이 있고 이 강당을 세우고 정결한 제사를 올려 의당 백

---

19) 도동서원 : 충청남도 천안시 목천면에 있었던 서원이다. 1649년(인조27) 송나라 주자朱子를 주벽主壁으로, 정구鄭逑·김일손金馹孫·황종해黃宗海의 학문과 덕행을 추모하기 위해 창건하여 위패를 봉안하였다. 1676년(숙종2) '도동道東'이라고 사액되어 사액사원으로 승격되었으며, 선현배향과 지방교육의 일익을 담당하였다. 흥선대원군의 서원철폐령으로 훼철되었다.

20) 장수藏修 : 장수유식藏修遊息의 줄임말로, 장수는 항상 학문을 닦아 게을리 하지 않는 것을 말하며, 유식은 정해진 과정에 의해 쉬는 시간에도 학문에 마음을 두는 것을 말한다.《예기》〈학기學記〉에 "군자는 학문할 적에 장하고, 수하고, 유하고, 식한다.[君子之於學也, 藏焉, 修焉, 息焉, 遊焉.]"라는 말이 보인다.

21) 한천정사寒泉精舍 : 주자가 모친의 장사를 치른 뒤에 세운 정사이다. 한천은《시경》〈개풍凱風〉에 나오는 말로, 자식이 어버이를 잘못 섬긴 것을 자책하는 의미가 있다.《주자연보》에 의하면, 경인년(1110) 1월에 모친 축유인祝孺人을 건양현建陽縣 뒷산 천호天湖의 양지에 장사 지내고 그곳을 한천오寒泉塢라고 명명했다고 한다.

22) 와룡암臥龍菴 : 주희가 55세 때인 1184년에 여산廬山의 오란봉午亂峯 밑에 그곳의 본디 지명인 와룡臥龍을 취해 와룡암을 짓고 아울러 무후사武侯祠를 지어 촉한蜀漢의 승상 제갈량諸葛亮

롱동白鹿洞[23]의 유풍을 추숭하였다. 그 도道를 말하자면 하나로 관통하고 종유하며 제사지내는 자들은 삼익三益[24]이로다.

위대한 현인 한강寒岡[25]은 몸소 퇴도退陶[26]의 적통을 계승하였고 올바른 선비 관영濯纓[27]은 점필재佔畢齋[28]의 문하에서 수학하였다. 흐르는 물결은 곡성을 삼키는데 바위 사이의 필적을 상상해 보고, 텅 빈 산이 겁회를 겪어 무덤 앞의 묘갈에서 증명되고 있다. 도학道德과 학문學問의 연원이요 문장文章과 절의節義의 표준이로다. 더군다나 이곳의 후천朽淺[29] 징사徵士는 사문斯門의 공부에 정밀한 자들이다. 관혼상제喪祭冠婚의 예법은 이미 《의례문해疑禮問解》에 드러나 있고 비바람을 맞고 추위와 더위를 겪으면서도 선묘先墓의 빈소를 폐기하지 않았다. 화려한 집, 허름한 집, 일반적인 집에 사는 자들이 모두 제사를 받을 만한 향선생鄕先生이고 훌륭한 지세, 훌륭한 인재, 훌륭한 덕성은 곧 경지에 오른 제자들이다. 고을

을 향사한 일이 있다. 《朱子大全 卷79 臥龍菴記》

23) 백롱동白鹿洞 : 송宋나라 주희朱熹가 남강군 지사南康軍知事로 부임하여 강학講學한 백록동서원을 말한다. 백록동은 본래 당나라 이발李渤이 형 이섭李涉과 함께 여산廬山에 은거하며 독서했던 곳인데, 흰 사슴 한 마리를 길들여 항상 데리고 다녔으므로 사람들이 그를 '백록선생'이라 하고 그의 거처를 '백록동'이라 한 일에서 비롯되었다. 《宋史 卷429 朱熹傳》《廬山通志》

24) 삼익三益 : 세 가지 유익한 벗이라는 뜻이다. 《논어論語》 〈계씨季氏〉에 "유익한 벗이 세 가지가 있는데, 정직한 벗과 신의 있는 벗과 많이 아는 벗이다."라고 하였다.

25) 한강寒岡 : 정구鄭逑(1543~1620)를 말한다. 자는 도가道可, 호는 한강寒岡, 본관은 청주淸州이다. 저서로는 《한강집》이 있다. 경상북도 성주의 회연서원檜淵書院에 제향 되었다. 시호는 문목文穆이다.

26) 퇴도退陶 : 이황李滉(1501~1570)을 말한다. 자는 경호景浩, 호는 퇴계退溪, 본관은 진성眞城이다. 주자학朱子學을 깊이 연구하여 영남학파嶺南學派의 조종祖宗이 되었다. 도산서원陶山書院에 제향되었다. 시호는 문순文純이다. 저서로는 《퇴계집》이 있다.

27) 관영濯纓 : 김일손金馹孫(1464~1498)을 말한다. 본관은 김해金海, 자는 계운季雲, 호는 탁영濯纓, 시호는 문민文愍이다.

28) 점필재佔畢齋 : 김종직金宗直(1431~1492)으로, 본관은 선산善山이고, 자는 계온季昷 또는 효관孝盥이며, 호는 점필재佔畢齋이고, 시호는 문충文忠이다.

29) 후천朽淺 : 황종해黃宗海(1579~1642)를 말한다. 본관은 회덕懷德이고, 자는 대진大進이고, 호는 후천朽淺이다.

유자의 진적陳蹟을 계승하여 마침내 성조聖朝의 사액賜額이 내려졌다.

서원의 의식을 완비하여 고금을 참고하였고 도맥道脈을 강학하여 옛 성현을 잇고 후학을 인도하였다. 절벽에서 흐르는 개울물 소리는 마치 무이도가武夷櫂歌[30]를 듣는 듯하고 원관圓冠과 방령方領은 완연히 공자상孔子像을 모시는 의장대를 보는 듯하다. 향불을 비로소 올려 부엌에서 연기가 모락모락 피어오르니, 마치 골짜기를 따라 물이 졸졸 회연檜淵[31]으로 흘러들어가는 듯하다. 서쪽 벽의 위패에서 여헌旅軒[32]의 정론에 질정하고 동쪽 상의 후찰에서 간암艮菴[33]의 야담野譚을 전송傳誦하네. 고을의 지리지地理志가 여지승람輿地勝覽에 모조리 합편되어 있고 서원의 장서들은 켜켜이 쌓인 보배로운 글들이다. 오래전부터 명망 있던 산장山長과 향장鄕長은 나란히 사대부의 명문가들이 되고 백옹栢翁과 숭옹嵩翁의 굉대한 문사는 장군將軍의 건필健筆을 계승하였네.

백세토록 우뚝한 학궁學官이요 다섯 들보와 일곱 기둥의 강사講舍로다. 추위와 더위를 겪으며 차츰 마룻대가 모두 기울어지고 비바람을 맞아 난간과 기둥이 더욱 마멸되고 말았다. 제수를 차려 폐백을 올리는 때에는 절하는 자리가 알맞지 않고 선비들이 경서를 강학할 때에는 읍양하는 자리가 대부분 기울어져 있었다. 재실齋室과 행랑行廊은 옛날과 변함없으나

---

30) 무이도가武夷櫂歌 : 송宋 나라 때 주희朱熹가 무이산武夷山의 정사精舍에 한가히 있으면서 장난삼아 지었던 무이구곡시武夷九曲詩를 가리키는데, 이 시는 모두 10수首로 되어 있다. 이 시의 마지막 수首에 의하면 "구곡이 다하려니 안계가 탁 트여라. 상마에 내린 비이슬 평천같이 보이누나. 어부가 다시 도원 길 찾아가노니, 두어라, 예가 바로 인간 별유천일레. [九曲將窮眼豁然 桑麻雨露見平川 漁郎更覓桃源路 除是人間別有天]" 하였다. 《朱子大全 卷9 詩》

31) 회연檜淵 : 회연서원檜淵書院을 가리킨다. 한강 정구鄭逑(1543~1620) 선생이 1583년(선조16) 회연초당을 세우고 인재를 양성하던 곳에 한강의 문도들이 1627년(인조5)에 선생을 주향으로 하여 창건한 서원으로, 경북 성주군 수륜면에 있다.

32) 여헌旅軒 : 장현광張顯光(1554~1637)을 말한다. 본관은 인동仁同, 자는 덕회德晦, 호는 여헌旅軒, 시호는 문강文康이다.

33) 간암艮菴 : 이희조李喜朝(1655~1724)를 말한다. 본관은 연안延安, 자는 동보同甫, 호는 지촌芝村 · 간암艮菴 · 지사재志事齋, 시호는 문간文簡이다.

기와와 벽돌은 무너졌고, 마룻대는 아직 남아 있으나 문짝과 현판은 떨어졌네. 봄과 가을에 석채釋菜[34] 올림에 헌가軒架 음악[35]을 두루 진열할 수 없고, 포의布衣 선비가 경서 펼침에 무릎 꿇어 절하는 자리는 몹시 기울었네. 우리들은 강학하고 토론하는 자리가 부족하고 후학들은 학문을 연마하는 자리가 어그러졌다네. 이 때문에 고로故老들은 탄식하고 유생들은 모두 부끄러워하네. 사군使君은 집안 대대로 벼슬이 높았으니 효도와 우애가 가문에 전해지네. 십 년 궁궐 생활에 문관文冠의 선초蟬貂 장식[36] 화려하고, 패옥 소리 낭랑하게 외직 수령으로 나갔네.[37] 관청 문서로 정신없으며 소장訴狀으로 바쁘네. 정무政務를 물리쳐 뒤로 하고 문교文敎를 높이는 책임을 우선으로 삼아, 대들보를 우뚝 세워 자세히 보니 검은 글자 분명하게 보이네. 태학사太學士 남상국南相國이 먼저 위패를 개수하였고 또한 다행히도 수령 달성 達城 서 사군徐使君이 사당을 증축하는 데 힘을 기울였네. 이 강당을 중건하는 일이 어찌 잔존한 나머지이겠는가. 정령을 어기지도 않고 번거롭게 하지 않은 지 오래였네. 지주地主가 구획하는 일을 있는 힘껏 다하여 서원의 경영을 도맡아 재주 있는 이들이 구름처럼 모였네. 장제들이 이미 모여서 추수하는 여가에 백성이 자식처럼 달려와[38] 앞사람보다 너무 사치하게 하지 않고 뒷사람의 구경거리를 망치

34) 석채釋菜 : 음력 2월과 8월의 상정일上丁日에 서울은 성균관, 지방은 향교鄕校에서 선성先聖 · 선사先師에게 지내는 제사를 말한다.

35) 헌가軒架 음악 : 헌가는 편종編鐘이나 편경編磬 등과 같이 틀에 걸고서 연주하는 악기를 이르는바, 종묘宗廟과 문묘文廟, 경모궁景慕宮 등의 제향 때 뜰아래에서 연주하는 음악이다.

36) 문관文冠의 선초蟬貂 장식 : '선초'는 관冠의 장식품이다. 《후한서》〈여복지輿服志〉에, "시중侍中 중상시中常侍은 무변武辯의 대관大冠을 쓰되 보태서 황금당黃金璫을 달고 매미[蟬]를 붙여 무늬를 만들고 초미貂尾를 장식하여 이름을 조혜문관趙惠文冠이라 한다." 하였고, 그에 대한 서광徐廣의 주석에, "매미란 청고하여 이슬만 먹고 딴 것을 먹지 아니하므로 그를 취한 것이요, 초貂란 털이 붉고 부드럽고 배면서도 문채가 번쩍거리지 아니하므로 그를 취한 것이다." 하였다.

37) 외직 수령으로 나갔네 : 진晉나라 완함阮咸이 한 번 배척을 당해 수령으로 나갔다는 '일휘출수一麾出守'로, 외직 수령으로 나간다는 말이다. 《文選 卷21 五君咏 阮始平》

38) 백성이 자식처럼 달려와 : 《시경》〈영대靈臺〉에 "백성이 일하는지라 하루가 못 되어 완공

게 하지 않아서[39] 중수할 때에는 옛 터를 따라 지었고, 칼과 톱 쥔 자들이 왼쪽과 오른쪽으로 분주히 내달리며 온갖 공인들이 여러 공역工役을 완성하였네.[40] 어찌 일에 적임자를 필요로 할 뿐이겠는가, 바야흐로 때를 기다려야 한다는 것을 알겠네.

박노欂櫨와 주유株儒[41]가 그 마땅함을 얻었고, 벽에 흙을 바르고 단청을 칠함에[42] 갖추지 않은 것이 없네. 이곳에서 강학하고 이곳에서 독서하며 이곳에서 현가絃歌을 울리니 궐리闕里[43]가 어찌 멀겠으며, 날개를 펼친 듯하고 가지런하며 발을 끌듯이 하니[44] 행단杏亶[45]이 여기 있다네. 폐백은

하였도다. 일을 시작할 때 빨리 하지 말라 하셨으나 뭇 백성이 자식처럼 와서 일하였도다. [庶民攻之, 不日成之. 經始勿亟, 庶民子來.]" 하였다.

39) 앞사람보다……않아서 : 한유韓愈의 〈신수등왕각기新修滕王閣記〉에 "앞사람보다 너무 사치하게 하지 않고 뒷사람의 구경꺼리를 망치게 하지 않는다. [無侈前人, 無廢後觀.]" 하였다.

40) 칼과……완성하였네 : 유종원의 〈재인전梓人傳〉에 "그 목수는 왼손엔 긴 자를, 오른손엔 막대기를 쥐고 가운데 있었다. 그는 집을 짓는 데 쓰일 목재들을 헤아리고 나무들의 용도를 살핀 뒤, 그의 막대기를 휘두르며 '저기엔 도끼!' 라고 말하니 도끼를 잡고 있던 공인이 오른쪽으로 뛰어갔다. 고개를 돌려 이번에는 손가락으로 가리키며 '저기엔 톱!'하고 말하니 톱을 쥔 공인이 왼쪽으로 뛰었다. [梓人左執引, 右執杖, 而中處焉, 量棟宇之任, 視木之能, 擧揮其杖曰斧彼, 執鋸者趨而左.]" 하였다.

41) 박노欂櫨와 주유株儒 : 박노는 쪼구미로 기둥 윗도리를 가리키며, 주유는 들보 위에 대는 짧은 나무를 가리킨다. 두공斗拱과 같다.

42) 벽에……칠함에 : 주 무왕周武王이 강숙康叔에게 자신의 뜻을 이어받아 마무리를 잘하도록 타이르며 "비유하건대 집을 지을 적에 부지런히 담을 쌓았으면, 이제 벽에다 흙을 바르고 띠풀로 지붕을 덮어야 하는 것과 같으며, 노나무 재목을 다룰 적에 부지런히 다듬고 깎았으면, 이제는 단청을 칠해야 하는 것과 같다. [若作室家, 旣勤垣墉, 惟其塗墍茨, 若作梓材, 旣勤樸斲, 惟其塗丹雘.]"라고 말한 내용이 《서경》 〈재재梓材〉에 나온다. 여기서 담을 쌓은 것과 재목을 다듬고 깎은 것은 무왕 자신이 이룬 사업을 비유하고, 흙을 바르고 지붕을 덮는 것과 단청을 칠하는 것은 강숙이 계승할 일을 비유한 것이다.

43) 궐리闕里 : 공자의 고향 마을이다. 산동성山東省 곡부曲阜에 소재한다.

44) 날개를……하니 : 《논어》 〈향당편鄕黨篇〉에 "공자는 임금이 불러서 빈객賓客을 접대하게 될 경우에는 옷 앞 뒷자락을 단정하게 하였다. … 공문에 들어갈 때는 몸을 굽혀 절하듯, 송구스럽게 하셨다. 서 계실 때는 문의 한 가운데 서지 않으셨고, 들어갈 때 문지방을 밟지 않으셨다. [衣前後襜如也. … 沒階, 趨進翼如也, 復其位, 踧踖如也.]"라고 한 데서 나온 말이다.

45) 행단杏亶 : 공자가 제자들과 강학講學했던 장소이다. 《장자莊子》 〈어부편漁父篇〉에 "공자가 치유緇帷의 숲 속에서 노닐며, 행단杏壇 위에 앉아서 휴식을 취했나니, 제자들은 글을 읽고

예의를 중시하니[46] 우렁찬 음악으로 신령을 부르고, 변두籩豆를 가지런히 진열하여[47] 질서 정연하게 자리에 예를 펼치네. 둥근 것, 모난 것, 평평한 것, 곧은 것들이 정정하고 가지런하며 신령스럽고 우뚝하구나. 담고 쌓고 묶고 새긴 것들이 차곡차곡 쌓여 있고 탁탁 다져 놓았구나. 웅대한 들보를 들어 올리면서 일제히 아랑위兒郞偉[48]의 노래를 듣거라.

(어영차) 들보 동쪽에 떡을 던지세
작성산鵲城山 이내 가운데 태양이 붉다네
우리의 도를 창주滄洲 가에 부치고자 하니
봄날 부상扶桑에서 바람을 앉아서 맞이하네

(어영차) 들보 서쪽에 떡을 던지세
은악銀岳이 하늘과 맞닿아 나무 그림자 가지런하네
수많은 길인吉人이 화락하게 모여있으니
천 길 오동나무에 봉황鳳凰이 깃드네

공자는 거문고를 타며 노래를 불렀다. [孔子遊於緇帷之林, 休坐乎杏壇之上, 弟子讀書, 孔子絃歌鼓琴.]" 하였다.

46) 폐백은 예의를 중시하니 : 《서경》 〈낙고洛誥〉에 "윗사람 접대는 예의를 중시하니, 예의가 물건에 미치지 못하면 오직 접대가 되지 못한다고 하는 것이니, 오직 접대에 마음을 쓰지 않았다 해서 그런 것이다. [享多儀, 儀不及物, 惟曰不享, 惟不役志于享.]"에서 온 말이다.

47) 변두籩豆를 가지런히 진열하여 : 변두는 죽기竹器과 목기木器으 된 제기를 가리킨다. 《시경》 〈벌목伐木〉에 "산비탈에서 나무를 베거늘, 거른 술이 많기도 하여라. 변두가 가지런히 놓여있거늘, 형제들이 먼 사람까지 다 있도다. 사람들이 덕을 잃는 것은, 말린 밥 때문에 허물이 생기나니, 술이 있으면 내가 거를 것이요, 술이 없으면 내가 받아 올 것이요, 북을 둥둥 내 울리며, 덩실덩실 내 춤을 추어, 내 한가한 때를 만나서, 이 거른 술을 마시리라. [伐木于阪, 釃酒有衍. 籩豆有踐, 兄弟無遠. 民之失德, 乾餱以愆, 有酒湑我, 無酒酤我, 坎坎鼓我, 蹲蹲舞我, 迨我暇矣, 飮此湑矣.]"라고 한 데서 온 말이다.

48) 아랑위兒郞偉 : 젊은 사람을 뜻하는 아랑兒郞의 복수형으로, 상량문에서 도목수都木手가 장인匠人들을 싸잡아 부를 때 상투적으로 쓰는 표현이다.

(어영차) 들보 남쪽에 떡을 던지세
구산龜山의 병풍에서 맑은 남기嵐氣를 보내오네
뽕나무와 삼에 비와 이슬 내려 꽃을 틔우니
구곡담九曲潭에 하늘빛과 구름 그림자 어려있네

(어영차) 들보 북쪽에 떡을 던지세
봉래산蓬萊山 가까워 구름 빛이 오색찬란하네
경술년庚戌年[49] 천 년 만에 성인의 운세가 돌아오니
치교治教를 밝게 체득한 나라는 조선국朝鮮國이라네

(어영차) 들보 위쪽에 떡을 던지세
오성五星이 벽성壁星[50]에 모였으니 문창랑文昌朗[51]이라네.
태어나 늙도록 태평성대이니
갑자년甲子年 상원上元[52]이 손바닥을 가리키는 듯 선하네

(어영차) 들보 아래쪽에 떡을 던지세
베갯머리 감도는 산천의 빗소리를 듣네

---

49) 경술년庚戌年 : 공자孔子가 탄생한 것을 이른다. 공자는 춘추시대 노魯나라 양공襄公 22년인 경술년에 창평향昌平鄕 추읍鄹邑에서 태어났다.

50) 벽성壁星 : 28수 가운데 북방현무칠수의 하나인 벽수壁宿에 딸린 별자리. 《천문유초》에는 벽壁은 "문장文章을 주재하니 천하의 도서를 보관하는 비부秘府이다.……밝으면 도서가 모여 쌓이고 도술이 행해지고 소인이 벼슬에서 물러나고 군자가 벼슬한다. 본래의 색을 잃고 크기가 고르지 않으면 천자가 무신武臣을 우대하고 문신을 천시하여, 도서는 숨겨지고 신하들은 무리를 지으니 간사한 자가 중용된다. 별이 움직이면 토공이 벌어진다."라고 하였다.

51) 문창랑文昌朗 : 문창성文昌星을 말한다. 하늘 위에서 문장을 주관한다는 별로, 문곡성文曲星 혹은 줄여 문성文星이라고도 부른다.

52) 갑자년甲子年 상원上元 : 상원갑자上元甲子를 가리킨다. 술수가術數家의 경우 180년을 일주一周로 하고, 일주를 상원갑자上元甲子, 중원갑자中元甲子, 하원갑자下元甲子로 나누는데, 상원갑자는 첫 번째 갑자 60년을 이르는 말이다.

인간세상의 비 내려 풍년이니[53]

집집마다 창고 가득 농사 수확물 쌓여있네[54]

삼가 바라건대, 상량한 이후에는 유풍儒風이 날로 진작되고 사학士學이 구름처럼 홍기하여, 이에 봉액縫掖[55]을 입은 많고 많은 선비들이 강당에 가득하고 높고 높은 용마루가 골짜기에 가득 차기를. 배우는 것은 공자孔子, 맹자孟子, 안자顔子, 증자曾子, 염유冉由, 민자건閔子騫이요 그 글은 《시경詩經》, 《서경書經》, 《예기禮記》, 《역경易經》, 《춘차春秋》라네. 육예六藝에 통달하여 모두 삼물三物[56]의 으뜸이 되기를 고대하노라. 인仁에 의지하고 덕德에 의거하는 이곳 선비들이[57] 모두 동반東班과 서반西班의 어진 재상이 되고, 조정에서 도를 논하고 나라를 다스림은[58] 실로 동재東齋와 서재西齋의 수사秀士에게서 나오리라. 금옥金玉을 정련하듯 학문을 닦는다면 온 나라

---

53) 베갯머리……풍년이니 : 《주자대전》 권6 서각西閣이란 시에, "이 구름 낀 창을 빌어 자노니, 고요한 밤 마음 홀로 괴로워라. 어찌하면 베개 아래 시냇물을 얻어, 인간 세상에 뿌릴 비를 만들꼬.[借此雲窓臥 靜夜心獨苦 安得枕下泉 去作人間雨]"라 한 데서 나온 말이다.

54) 집집마다……쌓여있네 : 〈석름봉차경부운石廩峰次敬夫韻〉이라는 시에, "일흔두 봉우리 모두 하늘을 찌를 듯한데, 한 봉우리는 석름이라는 옛 이름이 전하네. 집집마다 이렇게 높은 창고 있으니, 인간 세상 풍년이 든 것 너무 좋아라. 〔七十二峰都揷天 一峰石廩舊名傳 家家有廩高如許 大好人間快活年〕"라고 한 데서 나온 말이다.

55) 봉액縫掖 : 《예기》 〈유행儒行〉에 나오는 말로 군자의 의복은 현지 사정에 따른다는 취지이다. 노魯나라 애공哀公이 공자의 의복이 유복儒服인지 묻자, 공자는 "어려서 노나라에 살 때는 봉액縫掖을 입었고, 자라서 송나라에 살 때는 장보관章甫冠을 썼습니다. 군자의 배움이 넓어도 그 복식은 그곳에서 입는 것을 따릅니다."라고 하였다. 봉액은 소매 밑에서부터 봉합한 옷을 가리키는데, 공자가 봉액한 옷을 입었다 하여 유자의 도포를 가리킨다.

56) 삼물三物 : 백성을 가르치는 세 가지 일로, 지知·인仁·성聖·의義·충忠·화和의 육덕六德과 효孝·우友·목睦·인婣·임任·휼恤의 육행六行과 예禮·악樂·사射·어御·서書·수數의 육예六藝를 가리킨다.

57) 인仁에……선비들이 : 《논어》 〈술이述而〉에 "도에 뜻을 두고, 덕에 의거하고, 인에 의지하고, 예에 노닐어야 한다. [志於道, 據於德, 依於仁, 游於藝.]"라는 공자의 말이 나온다.

58) 도를……다스림은 : 《서경》 〈주관周官〉에 태사太師와 태부太傅와 태보太保를 세워 삼공三公으로 삼는데, 이들 재상은 "도를 논하고 나라를 경륜하며 음과 양의 두 기운을 조화시켜 다스리는 일을 맡는다." [論道經邦, 燮理陰陽.]"라는 말이 나온다.

가 홍인興仁되는 것을 볼 수 있으리라. 무궁한 복福은 산악처럼 우뚝하고 바다처럼 넓으니 길이 만년토록 영구하리라.

제3부
원문原文 『오천집梧泉集』

《梧泉集》

英會堂記

大木郡有萬花洞，洞有草堂曰英會堂，卽木之人士，文會之所．堂之制，三楹五楹，蕭灑而翼然，可容數十百人．堂之名，名之以英會者，何？曰：“英者，華也，草木之有華者也．彼草木之馨香煥燁敷容而向榮者，物之英也．譬之吾人，則人之聰明才智者，人中之英也．夫以德業文章，發揮而彬蔚者，亦何異於草木之有英也？然英於人者，千百人一二也．羣英之會于一堂，求諸一世而罕有，况一縣乎一洞乎？惟我木州之萬華洞，古稱英靈秀出之鄉．吾柳氏，與花山金氏·宜春南氏，世居于此地．地以人美，而地亦有芳名，百年林壑，餘馥尙留．試觀夫英會堂之所在，地有英名之稱，而名不偶然．

南有晩梅村， 北有靈芝村， 前有竹里松亭孤桐之谷， 後有葛田栢溪大樹之里．又若桃源梅塘楊浦杜谷之水，東林西林芳荷寶蓮佳木之山，相與環拖而拱揖．其英英秀發之氣，萃于是堂 而鍾出許多人才．譬若瑤林璧樹，蔚然於一堂，做將出來於眞正大英豪，則堂之所成，英之所會也．以是而春爲賞花會，秋爲泛菊會，會之如杏壇之會，會之如槐市之會，會之如曲江簪花之會．是會也，可以爲木州第一會，亦所謂春風萬花會者也．故名其堂曰英會．”名之者誰？木州萬花里柳姓人也．

天壺山記

世稱天壺山，無可觀景致，無鳴泉，無瀑布，無奇禽異花，無石門雲棧，無騷人墨客往來遊賞之跡，不知開闢後幾千萬年與孱山尋耳. 今者壬戌之歲九月九日，與同志始相與登是山而有遊焉. 盖有可觀者多，何者? 是山也，峻而拔，特而聳，蹲踞乎兩湖之間，有遠眺極望之勢. 鷄龍・烏棲環其北，黃岳・德裕盤其東，知異・內藏峙其南，羣山邊山羅其西. 至於白馬・南塘之江，童子・沙津之浦，如綿如帶，皆在顧眄間. 而指半月城，則吊百濟之遺墟，俯全馬郡，則訪三韓之古址. 瞻魯城山而想絃歌之流風，瞰完山府而頌豐沛之故鄕. 牽青而繚白者，殆百千里於眼界中. 且夕陽方下海潮漸入汎濫瀰漫於臨沃全萬之境者，不讓於雲夢洞庭，而又其外，則如炯如霧，不見瑞倪者，無邊之天水也. 如使眼力可窮，則燕・齊・吳・楚，可指點而詳之. 此天壺之遐觀也.

是日之會，有晧白鬢眉者四五，圍基團坐，依俙如東園・用里，相對於商嶺. 童子六七人，攝衣而從行，折山菊花積左右，居然爲明之東籬. 粟餻・栗餅・酒壺・蔬盤・筆硯・詩軸交錯于中， 鼓鼙琴瑟鏗鏗歌嗚嗚舞僛僛， 或揮毫而吟眉，或披襟而拍肩，或醉極而臥睡，或角抵而較力者，不知幾許人，各殊其快. 此天壺之奇觀也. 凡同此會者 八姓，山陽柳・宋・吳・洪，山陰李・金・成・申，太半是落拓不遇之士，棲遑於窮鄕遐陬，寧有志氣之可紓乎? 然此日之會，酒酣興闌 曠然有出塵絶俗之思，方其折花而籌之，籍苔而席之，熈熈怡怡，耳聒不怒，目睨不禁，偃臥無嗔，相視而笑. 視擎跪禮法如驢楦，視紛華軒冕如土苴，此天壺之達觀也. 然則天壺山儘有可觀景致者存焉，遂爲之記，繼以詩. 其詩曰，“蘇子是年遊赤壁，孟公此日飮龍山. 天壺之會樂乎否? 一席吾兼三大觀.”

英會堂稧帖序

英會堂，在梅芝·竹松之間，爲玆土鄕塾．我瀛洲氏族與花山·宜春兩華冑，爲隣爲戚爲師弟，交友世居于梅芝竹松之里，以孝悌睦婣詩禮文章爲行業者，百有餘年．昔者聖時有若余王考伯仲季府君俱在世，而余先君子一堂內六昆季曁諸父兄弟俱在，有若余祖族芝窩公在世，而若二弟若一子三侄曁表侄崔公俱在，有若思一庵金公在世，而若子若侄曁宗弟宗侄俱在，有若花隱·菊峯南公之四昆弟俱在世，以德行禮學文章鳴筆鳴於一世．惟時議者比之洛中之耆英會．我先君子營建藏修之所，發文而經理之，此英會稧之所以權輿也．

今者一回甲之歲，各家子姓相與感古而興懷，就古址而搆新堂，且與近鄕同志諸君子合謀鳩財擬作需用之資，此英會稧之所以重修也．余於是役也，不量其庸陋，敢終始彈誠於諸公之後．噫！斯堂也斯稧也，非但爲余家述先之盛擧也，非但爲族戚修舊之美事也，非但爲後學敎育之良規也．堂而會之，會而稧之，推而廣之，以至于湖兩士友多有與焉，亦可爲聞風興起之一端．凡我同稧之人，各相勖之哉！

丁卯暮春座主高興柳琹謹序．

於于集跋

文章極高大，閱浩刦而長存，節義甚淸苦，窮百代而彌光. 有明萬曆間，東國有於于柳先生. 先生以節義兼文章，若伯夷・叔齊而有太史公之著述，若屈平・杜甫而有方孝孺之樹立者也. 嗚呼! 先生稟氣如雲表光嶽，處心如雪裏孤松. 始以避世於金閨，遊戲於藝局，繡衣而遍八路，玉節而三入中州. 旣已高驤采藻，絢耀當世，不幸値昬朝，乃守正屛跡，行吟於東海之畔，雲棲鶴瘦於皆骨之山. 其憂愁壹鬱之鳴，殆令人慷慨流涕於千載之下.

及至更化之辰，獨抱不貳之義，不以存亡明暗易其素操. 其從容自處之道，溢於言表，草序而屬高僧，作詩而擬孀婦. 往在西山之對，願從方孝孺之辭，可以質蒼天而無愧. 嗚呼! 嗣已絶，歲又久，遺集八十餘冊，散逸殆盡. 余以旁裔，尤庸感慨，積歲年蒐錄於斷爛，玆成若干編. 盖存者不能十之一， 然謀付剞劂氏，廣其本，傳之其人，以述先生遺志之萬一. 嗚呼! 我先朝日月之明，改照於泉塗，雪其寃褒其忠，又爲興感於其詩文，比之以『離騷』，許之以夷・齊. 前後判付文字，昭揭萬古. 嗚呼! 先生不昧之靈，必感泣於冥冥，亦將永有辭於天下後世之節義文章.

先生沒後先生沒後百九十二年甲戌春，七世旁孫榘拜手謹跋.

鵲巢上樑文

木德一萬八千年，彗彼營室之下照，羽蟲三百六十數，惟爾居巢之上樑．如翬斯飛，容膝之易，中有羽客，其名曰鵲．秦越人之族，有巢氏之民，赤壁三更詠皎月明星稀之句，銀洲七夕飛渡牽牛織女之橋．念玆鷇食鶉居，宜此室處，相彼鷗眠鷺立，何以棲遲?

於是胥新宇於洪基，擇良日於鳳曆，曲江之鴿奴使，孤山之鶴子來．山無全枝，精衛費木，天未陰兩，鴟鴞撤桑．歲之所在，風之所從，辨向背於方位，上而爲棟，下而爲宇，並手口而拮据．經始安以季冬，載之『月令』，中央共安一木，著於『說文』．百鳥之智，莫如齊，一枝之棲，可以樂．仰可援俯可窺，盈尺之地，翼然飛閣，揣其本齊其末，方寸之木，高於岑樓．不日成之，非人力也．一樑如管，王繭投其鉤繩，大朴無華，般倕棄其規矩．

黃雀樓・鳳凰臺・鳷鵲觀，儘是浮名，孔雀屏・鴛鴦瓦・翡翠簾，奚獨傳美? 方當鳳篆之揭額，恨乏鳥迹之造書．烏冠婦人，不過入幕之賀語，金衣公子，徒是繞樑之嬌歌．乃令鸚鵡傳言，復使鶻鷚交薦．仍設烏集之落宴，齊動鳥蹌樂音．邀佳客於西雝，振鷺戾止，迎道士於赤壁，孤鶴飛鳴．提壺春林，飛羽觴而醉月，盡眉朝日，舞衣幘而旋風．惟時烏有先生，翼如而進，詠鳳詩才，換鵝書法．運鷄毛之筆，展鶴羽之牋．碧溪翁揮毫，髣髴賦鸎之李白，雪衣娘奉硯，恍惚童烏之草玄．以好鳥而鳴春，偉良禽之擇木，遂贊盛擧，置諸横樑．

抛樑東．寒鴉帶出火輪紅，桃都樹上三千里，起聽天谿五夜中．

抛樑西．炎洲萬里幕青嵐，番愚婦女明瑲解，石枕中宵以媚男．

抛樑南．上林多少樹光齊，家家報喜三更月，廷尉門前復欲棲．

抛樑北．睢鳩飛在河之側，夫人爲誦召南詩，周后仁風覃四國．

抛樑上．鸞駿鶴馭粉末往，玉樓高喙傍河橋，長吉文辭題畫牓．

抛樑下．莽鳥飛過迷野馬，正見襍姐戲小園，第兄貴氣俱鬧雉．

惟願上樑之後，巢居無災，羽族咸若．荊山玉碑，喜無恙於抵過，柳岩烟籠，頌得氣於飛去．百舌獻賀，不使維鳩居之，一羣嬌啼，莫如昔鳥樂也．風風雨雨，豈有木處而顚？歲歲年年，永保禽視之慶．

五會詩軸序

木州東有鵲城·端雲之山，山下有葛田·萬花之溪，緣溪上下有老磻·廣德·桃竹·芝梅之莊，莊之相去遠不能十里，近則謦欬猶聞．有三四姓氏居焉，爲茲土之望，俱以文學爲業而世守之，盖如齊·魯之天性．每烟朝月夕，評花課鳥，步屧以相隨，盃觴以相樂者，其來久矣，載在大麓誌，一如輿地勝覽之條例，標題以山川姓氏，採錄以風俗題詠，永以爲茲土文獻故事．李白洲之記曰，“木之人，忠厚，多志行.”金鶴洲之詩曰，“山川鬱崒多英氣，民物淳厖有古風.”卽此而益見其有驗矣.

乃者余同志若干人相與謀曰，“吾儕雖不及古人之萬一，居在先賢杖屨之地，欲述遺風修世好，倣古眞率之遊，以暢情叙懷如洛中諸賢之就富公宅爲第一會，何如?”僉曰，“諾.”遂以八月之九日會于竹巢，觴而詠之，可樂也．又曰，“蘇子瞻有赤壁之再遊，吾儕其可一會而止?”至至月之中旬，再會於桃源如初會，三會於德新如再會，又十二月四會於英堂，五會於廣基如前．會之必以酒，酒後必賦詩，前後酬唱合成五軸詩．凡百許篇，人各五篇詩，或四三篇，或一二篇，皆與其會而賦之者，或聞其風而和之者．姓氏在軸中者，尹·南·元·朴各一人，完山之李二人，上黨之韓三人，溟洲之金六人，花山之金八人，我高興之柳十有二人．又有有故而未至者，又有無約而未來者多，如使畢集而均賦，則茲土十里之內，酒徒詞客將至數十百人，豈至止此而止哉?然此五會往來繽紛不憚其勞，老者扶杖，年少者奉袂，白髮紅顔嬉笑盈路．其不知者以爲酒也，其知者以爲賦詩也，尙不知吾儕本意不在酒不在詩，在乎尙古勸來之義也．試觀夫此地有晦庵竹林之院，有寒岡亭遺址，有老隱亭·自閑亭之題詠，有仙源石室之經庫，有倒影岩削成基之筆跡，有望海庵銀石寺之詩社，有英會堂之經始．有大開騷坍高步詞場，使當世人奔走汗流之流風在在，則有如諸葛孔明躬耕南陽而臥龍岡名天下，杜子美卜築浣花而四蜀江山生色千古，康節先生道成於洛下而十二行窩爲名教中樂地也.

吾儕生長此土，只知其山川姓氏，不知其風俗題詠，則譬如江上漁夫知知其取適滄波， 而不知其身堪畫於龍眠， 彩幅之中， 又不知其欸乃一聲移入於詩人，山水綠之句也. 今此五會詩軸，雖不足以掛具眼續輿誌，而家兒榮茂，亦隨其父豫其席末者，欲使諸公珠唾不歸之鼠壤，遂輯爲一帙，其意亦可嘉，故書此以記其蹟.

甲戌臘月日梧泉翁序.

洞稧帖後題

洞之有稧，古例也．新安朱子之社倉，藍田呂氏之鄕約，皆此道也．推而大之，則治國平天下，無不當焉．吾洞中舊說洞憲其條約備矣，先人之志寓焉，玆者重修之，防役錢財，充數收斂，以祛日後民弊大擧．長杠小方床，盖揮帳仰帳燭籠搖鈴等物，改造而新成之，移建庫屋于英會堂之前．工告畢，略說鄕飮酒之儀，回增修名帖．竊有感焉者深，謹識于卷末，時己巳三月十五日也．

祭亡女文

維歲丁丑至月十七，卽我亡女孺人李室祥朞之辰．前期一日乙卯之夕，父有寒疾未能往哭，不勝痛悼，替送汝兄操文以告．

嗚呼哀哉! 靈其來聽．汝已歿矣，寂無影形．魂精何在? 九原冥冥．雖我有言，汝豈能記? 然汝生世，頗解文字，不敎而能，領略音義，心竅開明，女中之士．雖其弢解，耿結未已，文出衷曲，想應有知，願言承聆，有若生時．往年丁巳，六月上旬，旬有四日，汝生之辰，落席呱呱，日出于寅．我家多男，有女亦奇．貧窶之故，挈挈南爲，草浦馬蹶，拯汝水中．他鄕六年，學語孩童，提槜錦北，還歸故里，敎汝纖絍，執汝麻枲．吹汝額腫，舐汝頰瘡．汝將勝笄，偕之漢陽．僦屋雖小，卿相之隣，豪門侍兒，往來繽繽，曰小姐賢．和吉且淑，衆口一辭，宜享福祿．荷擔撤寓，旋返于木，移家前後，再五百里，何嘗捨汝? 鍾愛終始．芳年二九，送汝宜家，玉潤之郎，宴爾孔嘉．牛鳴近地，置卯匪遐，日聞聲息，月見容儀．非我譽汝，嫁不孝衰，頹我往見，數汝歸寧．幼慕之思，藹然于形．所愧父貧，薄汝資裝，蕭蕭竹笥，草草練裳．珠翠華飾，女子常情，汝則不願，所見頗明．愛人喜施，自忘勞飢，怒不形外，歡笑怡怡．洗手入廚，低眉上機，爲尊親供，爲公子衣．夫曰良配，舅曰賢婦，小姑在傍，倚汝如母．且喜汝家，連得科聲，舅發解額，夫捷魁名．汝能祈天，沐浴虔誠，人言德門，吉慶川至．不幸人事，難諶天意，汝或福過，汝何命短? 纔産一女，遂病煩懣，弱質受傷，良藥蔑效，軟痲手脚，憔悴顔貌．父母目前，遽然長逝，得年二十，永訣人世．天胡奪速? 痛哉惜哉! 平生所嬌，何處得來? 汝之郎君，情地可憐．晝宵救護，必欲生全，鸞絃忽斷，鳳膠難續．六月飛霜，靑山埋玉，非啻我哀，孰不慘毒? 載汝靈輀，往卽汝宅，夫黨族姓，莫不臆塞，里巷嗚咽，婢僕涕泗，胡爲其然? 可想情地．于歸二朞，無缺婦德，所以人心，如是痛惜．屋後之山，一杯荒原，霜露已變，可憐孤魂．汝爲阿父，謀供旨酒，父兮福淺，汝不保有．汝爲阿母，欲進暖衣，母也命奇，汝先何歸? 汝有遺孩，慘不忍見，未吹母乳，安知母面? 汝目未瞑, 應是眷戀. 今纔過晬, 匍匐學步. 一塊血屬, 惟冀善護. 自我哭汝, 鬒髮漸素, 幾何泉路, 與爾相遇. 未死之前, 不能忘汝, 汝或有知, 來格此語.

於于公影幀改摸後告辭

維崇禎百九十年歲次丁丑六月戊寅，旁裔某等敢昭告于顯旁先祖贈資憲大夫吏曹判書兼知經筵義禁府事弘文館大提學藝文館大提學知春秋館成均館事五衛都摠府都摠管行嘉義大夫吏曹參判兼同知經筵義禁府事弘文館提學藝文館提學同知春秋館成均館事五衛都摠府副摠管於于堂府君．伏以公昔在世，勳府圖像，瀛鄕簇傳，雲祠豆享．星霜累換，緒本渝弊，其將永泯，曷任感涕？湫然起慕，爰改寫照，一幅宛若，七分惟肖，于以奉還．惟木之鄕，旁裔攸廬，庶降洋洋．一架新祠，綿力靡建，敢茲權安，惶忧萬萬．吾祖泰宇，寔公季侄，甲子文祭，八月五日，聿追遺志，恭薦泂潦，茲率群族，虔告謹告．

答金高原書

鐵峽橫天，鴈信亦稀千里馳，神日憧憧際，玆而獲拜惠問，何等聳豁？且審邇來政體動止，神相萬衛，伏慰無任，而羸博之慽聞來慘惜．腰間黃綬，夙志總就膝下班衣，遐福未圓，造物者亦有猜劇耶？仰爲之咄咄悒戚．少弟宿拙是保餘外，何煩？第念四頭毛穎帶來，遠方之神助　而自顧謭劣浪用於青山之荊圍，不能學書，中之二中，徒做他接下之次下，可愧又可呵也．且白今日關山贈筆之盛念，乃昔年晋陽惠紙之流風 倥偬薄領之暇，念及於鄕里舊交，此所以爲今世古人．旣感且賀玆，將拙搆而瓜報笑領，如何？

村民山祭祝

伏以大麓之中，銀石山崇，銀石之東，九溪會同. 三峰屹然，峻極于天. 於萬斯年，鎭我并川，環衛如屛. 降臨七星，有神乃靈，陰祐冥冥，地閱今古，位正子午. 玆涓吉辰，虔告明禋，籩豆旣陳，牲幣維新. 烮烮赫赫，是歆是格. 有願必獲，慶祿攸積，篤我村里，惠我人士. 上仁爲美，百福之喜，壽之父母，和以夫婦，子孫攸久. 貨財孔阜，五穀遂登，六畜其升，契業日增，富貴雲興，家家積穀，人人鼓腹，無病樂育，安此比屋，皆神之惠，以興嗣歲. 尊玆蕉荔，永世勿替，造化之主，功用斯普.

瑞隱堂記

士之有志者，不得其志則隱，或隱於詩酒，或隱於漁釣焦牧陶冶，或隱於物外浮屠，皆所以寓其志也．吾戚兄金君子順氏，志士也，早抱卓犖之才，刻意進取，其自期固不淺歟，卒之時與人違，命與仇謀，布韋而老，可惜也已．然其志不以爲慨，入于瑞雲山築一茅堂，扁之日瑞隱，若將遯世而無慨．

一日謂余曰："吾豈隱者也？吾江陵世家，古稱多高蹈之士．吾傍先祖梅月公抗志不仕，托跡於浮屠．有詩曰削髮逃塵世，存髯表丈夫．遂終身隱焉．吾五世祖洗馬公當丙子亂，無意宦達，有書曰南渡乾坤此何？今世東窓和謠又何？今日仍歸大麓之道元村，自號桃原以寓物外之志而隱焉．今吾窮而洛魂者，非敢以隱自處也，惟其無求於世．跡雖異，而志則同，故隱居于瑞雲山，名吾堂曰瑞隱．瑞隱之稱，得無僭乎名堂已？乃以梅月公之詩・洗馬公之書，特揭于壁上，每出入起居，輒目寓而口誦之，竊有感焉而慕之者."

余曰："韙哉，子之志也！非徒視富貴如浮雲，雖在隱居乎，不忘乎家風，誦其詩而讀其書，百世之淸風，宛在於一室，此可謂肯搆之堂也．子順氏乎，眞瑞雲之隱君子也！雖然，子之志，其止此乎？入山而養靜，臥雲而窮理，於世上事洞然明見，豈不知所居之地不爲偶然乎？山名瑞雲，有雲瑞也．或者以雲紀官乎．子之白眉與群從方足躡雲衢，子有克肖之子有凌雲之才，則雲亦靈矣哉！雲氣族而油然出峀，將去作雨於人間，然則子之隱也，謂之瑞雲也亦宜."

道東書院重修講堂上樑文

吾道益光於海東，既設妥靈之廟，多士咸集於川上聿修肄業之堂．銀山舍輝彩袍增彩，窃以縣號木岳地名竹林．海左禮義之鄉，文明肹蠁，湖西淸淑之氣，磅礴蜿蟺．可愛其水石淸奇，古稱多忠厚志行．三韓華族，重儒道之藏修．萬曆明時，刱書社而開拓．天地怪秘，異哉刻石古鐘之形，字畫分明，同於寒泉精舍之號．滄波海眼，雖是萬里之相懸，秋月潭心，宛爾千載之來昭．回其地而想像，既有臥龍菴古規，建是堂而明禋，宜遵白鹿洞遺制．語其道則貫以一，從而祀者益之三．

寒岡大賢，躬承退陶之嫡統，濯纓正士，親炙佔畢之函筵．流水呑聲，想見巖間之筆跡，空山閱劫，表證墓前之碣銘．道德學問之淵原，文章節義之標準．況又此土之杇淺徵士，儘是斯門之精深工夫．喪祭冠婚，既著疑禮之問解，風雨寒暑，不廢先墓之廬居．僑之居贅之居家之居，皆可鄉先生祭社，地以美人以美德以美，便是門弟子升堂．繼以縣儒之陳疏，遂有聖朝之宣額．

備院儀而參今酌古，講道脈而繼往開來，碧潤蒼厓，如聞武夷櫂之歌曲，圓冠方領，宛見孔子像之奉持．其香始升，裊細烟於茶竈，如水在地，挹洞酌於檜淵．西壁位牌，就質旅軒之確論，東床候札，傳誦艮菴之野譚．縣誌刊輿覽之鐵編，院藏載樑懸之綺語，山長鄉長之宿望，蟬聯士大夫之名門，栢翁嵩翁之闋詞，貂續詩將軍之健筆．

秋百代嵬矣哉學官，五樑七楹翼然乎講舍．經寒閱暑，漸致棟宇之咸傾，上雨旁風，益覺欄楹之剝落．籩豆奉幣之日，拜跪之筵莫周，韋布橫經之時，揖讓之位多仄．齋廊依舊，盖瓦級甎之隤零，棟宇雖存，松扉栢板之缺落．春秋釋菜，軒架之陳莫周，韋布橫經，拜跽之位多仄．吾黨欠講討之席，後學缺刮劘之場．故老爲之咨嗟，諸生莫不慚惜．于時使君，有奕世簪纓，傳家孝友十載丹禁，蟬貂絢煥璜珮琅璆，一麾黃堂朱墨紛綸，牒訴倥偬却庶務而殿後，責崇文爲率先，拔虹樑而諦視，見墨字之昭晣．乃有太學士宜字南相國，先許位牌之改修，何幸知縣事達城徐使君，自辦神室之增葺．惟斯堂重建之役，奈本院凋殘之餘？政不擾令不煩久矣，地主之區劃誠所到力所及，宜夫齋任之經營，連雲合抱之材，長弟已聚，是月納禾之暇，庶民子來，毋侈廢前人後觀，重修聿遵舊址，執刀鉅左趍右走，俱僝諸工．豈但事須其人？方知時亦有待．

欂櫨侏儒，各得其宜，塗垍丹靑，亦將俱備．於斯讀於斯絃歌於斯，闕里何遠，翼如也襜如也踧踖如也，杏壇在玆篚筐多儀，假神於喤喤之樂，籩豆有踐，陳禮於肆肆之筵．圓者方者平者直者，整整齊齊，靈靈崇崇，捄之築之約之椓之，陾陾登登，閣閣橐橐．擧雄樑而齊聲聽兒郞之唱偉．

抛樑東，鵲城霞氣日輪紅．欲將吾道滄洲付，春在扶桑坐了風．

抛樑西，銀岳參天樹影齊．藹藹吉人和集衆，梧桐千仞鳳凰棲．

抛樑南，龜山屛推送晴嵐．桑麻雨露明開眼，雲影天光九曲潭．

抛樑北，山近蓬萊雲五色．庚戌千年聖運回，體明治敎朝鮮國．

抛樑上，五星聚壁文昌朗．人生生老太平時，甲子上元如指掌．

抛樑下，繞枕山泉聞雨灑．去作人間快活年，家家有廩三農野．

伏願上樑之後，儒風日振，士學雲與，於是于于縫掖之充堂，以之窠窠雕甍之彌谷．所學則孔孟顔曾冉閔，其文乃詩書禮易春秋．佇見六藝之身通，皆與三物之首選．土着之依仁據德，擧作東西班賢相，朝著之論道經邦實，由左右齋秀士．有爲之學金精而玉鍊，可見一國之興仁，無疆之休嶽峙而海涵，爰卜萬年之維永．

제4부
원문原文 영인影印 『오천집梧泉集』

1

梧泉集

英會堂記

大木郡有萬花洞〻有草堂曰英會堂即木之人士
文會之所堂之制三楾五楹蕭灑而翼然可容數十
百人堂之名〻之以英會者何曰英者華也草木之
有華者也彼草木之馨香煥燁敷蓉而向榮者物之
英也譬之吾人則人之聰明才智者人中之英也夫
以德業文章發揮而彬蔚者亦何異於草木之有英
也然英於人者千百人一二也羣英之會于一堂求
諸一世而罕有況一縣乎一洞乎惟我木州之萬花
洞古稱英靈秀出之鄕吾柳氏與花山金氏冝[illegible]

氏世居于此地〻以人美而地亦有芳名百年林壑餘馥尚留試觀夫英會堂之所在地有英名之稱而名不偶然南有晩梅村北有靈芝村前有竹里松亭孤桐之谷後有葛田柏溪大樹之里又若桃原梅塘楊浦杜谷之水東林西林芳荷寳蓮佳木之山相與環抱而拱揖其英〻秀茇之氣萃于是堂而鍾出許多人才譬若瑶林璧樹蔚然於一堂做將出來於眞正大英豪則堂之所成英之所會也以是而春爲賞花會秋爲迓菊會〻之如杏壇之會〻之如槐市之會〻之如曲江簪花之會是會也可以爲木州第一會亦

所謂春風萬花會者也故名其堂曰英會名之者誰
木州萬花里柳姓人也

世稱 天壺山記

○天壺山無可觀景致無鳴泉無瀑布無奇禽異花無
石門雲棧無騷人墨客往来遊賞之跡不知開闢後
幾千萬年與孱山等耳○今者壬戌之歲九月九日余同志
○始相與登是山而遊焉蓋有可觀者多○何者是山也峻而拔
特而聳蹲踞乎兩湖之間有遠眺極望之勢鷄龍鳥
棲踞其北黃岳德裕盤其東智異內藏峙其南皐山
遶山羅其西至於白馬南塘之江童子沙津之浦如

繚如帶皆在顧眄間而指半月城則吊百濟之遺墟
俯金馬郡則訪三韓之古址瞻魯城山而想絃歌之
流風瞰完山府而頌豊沛之故鄉擎青而鐏白者殆
百千里於眼界中且夕陽方下海潮駈入汎濫彌漫
臨於沃金萬之境者不讓於雲夢洞庭而又其外則如
烟如霧不見端倪者無邊之天水也如使眼力可窮
則燕齊吳楚可指點而詳之此天臺之遐觀也是日
之會有皓白鬚眉者四五圍棊團坐依俙如東園角
里相對於南嶺童子六七人攝衣而從行折山菊花
積左右居然為洞明之東籬棗餻栗餅酒壺蔬盤葦

7

硯詩軸交錯于中鼓鼙〻琴鏗〻歌鳴〻舞傚〻或
操毫而吟眉或披襟而拍肩或醉極而卧睡或角抵
而較力者不知幾許人各殊其狀此天壺之奇觀也
凡同此會者八姓山陽柳宋吳洪山陰李金成申太
半是落拓不遇之士棲遑於窮鄉遐陬寧有志氣之
可紓乎然此日之會酒酣興闌曠然有出塵絕俗之
思方其折花而籌之籍苔而席之凞〻怡〻耳聒不
怒目睨不禁偃卧無嗔相視而笑視譁號禮法如驢
揎視紛華軒冕如土苴此天壺之達觀也然則天壺
山儘有可觀景致者存焉遂爲之記繼以詩其詩曰

蘇子是年遊赤壁孟公此日飲龍山天壺之會樂乎
否一席吾兼三大觀

白石峯賞秋詩軸後叙

是歲壬申之秋即我東開祚七回甲也且 國有三
大慶設增廣試以諸路告歉緩科期我巷隣同志欲
寓悚用起擧日爲賞秋之會遂涉前溪循東岡登白
石峯嶺以觴詠之峯在清之北木之東頗爽塏供遠
眺是日也積靄收天色清朗溪山之勝可掬遠近蒼
翠重圍疊抱湖西清淑之氣若將萃于兹仰俯視清
流一道環繞爲襟帶緣溪上下負山而屋者曲曲有

幽致北曰芝厓余宗黨住焉南曰松庄余親戚故舊宅焉西而中者梅竹之墅即余契房之所在皆窈而深平而有寬泉石林壑可朝夕步屧以從於是少長咸集于峯巔射以觀德棊以偷閒盃樽以暢情棗饌栗餠雜菜而爲夏卒之會以寓溪山之趣其優遊自適之樂有勝於擊子之莊也已而夕陽冉冉而下山余乃愀然四顧曰惟此屹然者山也能閱浩劫而長在奈歲月之不吾與何彼尉礼聖居即高溫祚麗王建之設都駐蹕也桐林上黨即古三韓後百濟之殘堞遺跡也固以當世之盛而雄也而今果安在哉況

余顏然一介贅于兩間不翅若太倉之一稊米登玆而自謂樂也百世之後復誰知之雖然東坡赤壁之遊補二客之從而賦一篇而已右軍蘭亭之會道羣賢之畢集而序一帖而已今玆之樂比兩公尙有多焉知縣事延安李丈年高德邵登此倡韻一座十數人相與酬和聯名成軸余十五兄秃翁與松東金大雅各序引之松北金上舍跋之余宗丈耻齋翁又記之將與此溪山永爲不朽之盛事故余識其事而自慰

再遊黃鳥洞記

萬花臺之南有黃鳥洞洞有圓峯聳出峯巔有老樹

11

特立如青蓋人比之浣花之楠樹峯之東數百步有
古松之亭峯之北不能里許有靈芝之村我瀛洲之
族與花山大姓世居于此愚庭而爲廬余自童子時
見先輩長老日杖屨而相隨爲文墨之會至今湖西
人士多傳誦之歲月不留吾兩家只有風樹之餘生
每當筆研之遊感懷先集今者楓丹菊黃之時余宗
戚同志約以暢懷聚于黃鳥峯老樹下各擧觴而仍
相謂曰向者數十年前吾洞中文會之盛甚繁華會
之於梅村會之於松亭會之於芝山龍溪年〻歲〻
朝〻而夕〻之四方遊学之士亦多至百有餘人今

吾輩十數人何其寥寥耶雖欲抑而不揚難矣然吾兩家子姓克修遺業者者於資益之道則安知不有刮目之效也居有芳隣勉之以責善進學則黃鳥同之遊亦不可謂無助遂指峯巔古樹抵之以寓戒焉

英會臺稧帖序

英會臺在梅芝竹松之間爲慈土鄕塾我瀛洲氏族粤花山宜春兩華冑爲隣爲戚爲師弟交友世居于梅芝竹松之里以孝悌睦婣詩禮文章爲行業者百有餘年昔者盛時有若余王考伯仲季府君俱在世而余先君子一堂內六昆季暨諸父兄弟俱在有若

13

余族祖芝窩公在世而若二弟若一子三侄曁表侄
崔公俱在有若思一庵金公在世而若子若侄曁宗
弟宗侄俱在有若花隱菊峯南公之四昆弟俱在世
以德行禮學文章名華鳴於一世惟時議者比之洛
中之耆英會我先君子營建藏修之所發文而經理
之此英會稧之所以權輿也 今者一回甲之歲各家
子姓相與感古而興懷就古址而構新堂且與近鄉
同志諸君子合謀鳩財擬作需用之資此英會稧之
所以重修也余於是役也不量其庸陋敢終始殫誠
於諸公之後噫斯堂也斯 稧也非但為余家述先之

盛舉也非但為族戚修舊之美事也非但為後學教
育之良規也堂而會之會而稧之推而廣之以至于
湖西士友多有與焉亦可為聞風興起之一端乎我
同稧之人各相勗之哉 丁卯暮春座末高興柳琹謹序

於于集跋

極高大閥浩劫而長存 甚清苦窮百代
文章光有明萬曆間東國有於于柳先生以
節義彌亙千古則益
若居平杜甫而有若
之著述方孝孺之樹立者也
生稟氣如雲表光嶽處心如雪裏孤松始以辟世述金先

閫遊戲於藝局鏞衣而遍八路至節而三入中州旣已高
可根見乎多矣蹟其在世之日遂不金門
騭采藻絢耀當世苑華閣以被備玉節遍海
左八路人萬中州凡所述作日曉當時
而況天下不幸而値昏朝極乃荒守正而屛跡行
吟東海之畔雲樓鳴瘦於比日胥之山其憂愁壹鬱之鳴殆令人感
流涕嗚呼於千載之下及至更化之日獨抱不貳之義
不毋或以存亡明暗而易其所操守其從容自處之
道溢於言表草序而屬高僧作詩而擬擂婦不徙寓西山
之對顧雖遺孝孺之辭可以質著天而無愧讀直與採
薇歌而視如也者也嗚呼嗣已絶歲久又遺集

歷歲如斯太古八十餘年不可得以復見嗚呼惜哉 丹散逸殆盡

余以旁裔尤庸感慨言得之 積歲年蒐錄於斷爛茲成若干

編蓋存者不能十之一然謀付剞劂氏廣其本傳之

其人以述先生遺志之萬一嗚呼我先生朝日月之明

像者在焉

敢照於泉塗審其究竟其忠又爲與感於其詩文此

之以雖發許之以夷齊前後判付文字昭揭萬古嗚呼先生

蓋見我先朝出萬

不昧之靈必感泣於冥冥亦將永有辭於天下後世之節義文章

世世節義先生沒後百九十二年甲戌春七世

旁裔琴拜手謹跋

英會堂上樑文 乙丑季春

學不厭教不倦夙仰進德之方習與成化與長聿覩

肄業之所萬花為洞君子英之堂竊以游於藝成於樂
立於禮興於詩猗歟吾儒本業國有學術有序黨有
遂家有塾尚矣先王美規虞書載敬敷五教周禮有
賓興三物游汶泗講齊魯時雨之弟子三千浴沂水
風舞雩暮春者冠童六七 胡先生庠舍立經義治事
之齋朱夫子鄉隣建書院社倉之法午會中一萬八
千歲恭逢天開左海東三百六十州儒風日振最是
湖西清淑之氣又降漢南文明之辰今觀夫大麓山
川古稱多詞林宗匠芳隣近接於一壑地名梅竹芝
蘭世家同住於百年人情族戚師友花溪詠鳳克訴

詩学之閭淳蘭亭換鵝素著人才之府庫崔州平徐
元直門對諸葛之隆中司馬公邵堯夫道成兩程之
洛下議建士友箴修之所文發講會經營之初環山
中央得此林壑之窈窕緣溪下上相彼泉石之清奇
五十年前事在丁卯之暮春八九載後役屢乙丙之
秋荒肆庸後生之感嘆爰修先輩之經紀聚首四座
誠出樂善之良心衆口一辭克紹未遑之遺志名不
虛得遂尋講堂洞之舊基事貴速成仍自發文日而
始役繼之以斧役鋸役居然而輪焉奐焉卦占陰
陽之宜西山東路北藪南澤堪輿得理氣之順辛坐

19

乙向艮得丁蔵山過望海峽飛騰三十里而南出溪
自落水巖屈曲八九折而北来背後高聳玉臺列立
武夷之大隱屏眼前平鋪羅帶回抱南陽之臥龍岡
西林、滴簾自成索頭之華蓋南山開帳仍作水口之
捍門是之謂合乎天孰不曰得其地人烟棊鋪於腹
背前挹松亭後控栢田地勢舖錯於咽喉右挾桃源
左拍楊浦墨客以之雲集粉花於馬日来一鄉親朋
齊吐青霞之奇氣八路秀士堪和白雪之高歌學而
時習之不亦悅乎所貴孝悌忠信擇不處仁焉得爲
智也交勉德業文章儒門真工禮樂射御政事言語

詞場各體詩賦表策序記箴銘出而射桑蓬其志東
西南北上下入則充棟宇其文詩書禮易春秋顏之
愚魯之曾子貢富原憲貧俱合於道甫也聖白也仙
長卿遲枚皐速各適其才推而溯之太古三代先秦
兩京魏晉宋齊梁陳隋唐宋明幾千世吾弁彼也諸
子百氏史遷班椽陶謝劉白韓柳歐蘇王李諸大家
所以聚四方之羣材如是構一畝之精舍斯而足矣
望之翼翼然必倩爾匠氏之斤且聽我兒郎之偉
兒郎偉拋樑東龍頭出日瑞雲紅明時欲和南薰曲
滿壁長飈出古桐

兒郎偉抛樑南萬花深處結茅庵令人坐了春風裏
德性薰陶席間三
兒郎偉抛樑西竹巢歸路綠楊堤雲端回首長安近
春日紅塵漲馬蹄
兒郎偉抛樑北靈芝三秀青春色朱輪如水馬猶龍
行路爭稱稽古力
兒郎偉抛樑上青天為紙一張廣紫皇嘉我腹中詩
日下祥雲五色盪
兒郎偉抛樑下明沙如雪團平野鷺庭馹馬日成羣
鄉里兒童綏若：

伏願上樑之後士學雲興儒化風動居移氣養移體
矩步而繩趨據於德依於仁根培而支達郞亭以教
於十室之邑手不停披於百家之書五星聚奎永際
太平之休運十年種樹成就繩直之美材父子弟兄
並秀眉山之木假宗族朋友分賜洛陽之黃金比之
登瀛洲同攷十八學士進則坐廊廟博濟百萬蒼生
孝謹當如萬石君家〻户〻融〻洩〻書中自有千
鍾祿子〻孫〻繼〻承〻

祭舅氏文

維歲壬子九月十六日壬子表侄孤子高興柳琹謹

以荒辭菲薄稽顙再拜哭告于舅氏通德郎江陵金
公靈几之前曰嗚呼天乎天乎君子何厲天實仇之
善人何罪天宗讐之孝友敦睦行爲善人而天則必
困其身愷悌廉直行爲君子而天則必窮其命吾固
知蒼蒼之難諶漠漠之無神嗚呼中世之士孰爲謹
厚吾未見而見公也孰爲清修吾未見而見公也親
戚敬之鄕里服之士友稱之孰不曰君子也善人也
天之報施必厚於公而乃反剌謬莊盆再叩鉄致伯
道之無兒命又何多薄乎螟蛉復逝厄猶爲未盡乎
女挈先天環堵蕭然長抛原隰之貧錯莫如寄孤棲

蘇州之身兼以疾病纏綿渾體浮脹呻囈乎六七載危劇乎四五朔轉側旣須於人呼吸亦不能通六極之二曰四曰都萃于一身五福之一曰三曰未享於半生而况輪神馬奄然啓行嗚呼哀哉季女總嫡孫孫未冠孀婦無告寡妹無依已乎已乎棄此奚適殆乎殆乎持此安歸雖尋常行路莫不爲之惻然惻怛況爲其鄕隣乎爲其親戚乎又況乎爲其妹之子之情地者當其母之兄之喪事乎嗚呼平日公之愛我愛之如子我之視公視之如父珠玉在側縱慚衛叔寶之爲人恩過子弟每欽徐湛之之盛眷顧懋曾旁

曾無絲毫之報效而遽至於此此尤鬱悒而不已者也及公病革之日屢度診候則惟以一箇孫孫諄諄乎垂托言猶在耳此亦侄之緬於心而不忘者敢不努力以副幽明間情懷哉嗚呼侄之情私尚復何言哭季父於年前哭伯氏於去夏而酷罰陲罪身不滅死讐年昨冬先考捐世蹈地蹐天無所逮及孤露零丁靡有依賴而今日荒草又送公喪將何以慰我萱闈將何以托我餘生嗚呼哀哉嚴霜已下黃葉蕭蕭一片青山丹旐飄然今日之長歸何時更返臨壙大哭心膓墮裂人情到此庸有盡乎敢陳數行荒迷不

成公靈不昧庶幾歆格

代人祭成昌烈道通先生 癸丑二月

嗚呼天下之達尊者有齒也爵也德也惟此三者々兼之者誰也吾必曰公也何也人生七十古者稀者而公之壽躋且得十五春秋公非齒者之極者乎人爵者猶可人力之能者也而天爵者乃天之命也公以天爵縉銀緋帶公雖不能於人者而能於天者也非爵之榮者乎孝友恭謹公之德也志氣文章公之德也既以德器又有德望平生好德百年種德此非德者之極者乎三達尊之得其一為難公能兼此三

者世之如公者盖難多得矣雖一者聞名者莫不欽敬況其識面乎況鄉黨之素所聞見者乎而況於瓜葛之親者乎嗚呼自公之沒鄉隣者冥所景仰親戚者冥所取式後生末学者亦冥以問業而悟道也嗚呼公有四子五孫後輩可傳餘慶寔蕃公於斯世更有何恨爲公有一恨者不幸今年令抱夭逝玉樹可惜公之平日所樹立者我之方寸所耿結者有之則言之則將不勝其煩故略之

祭梨谷趙丈 甲寅正月

往在丙午歲小子委禽于公之家是時小子年才十

六雅不識方向而猶有心中記略之存方渡龜汀踰
沙峙見地高山峻水清而駛草木叢茂巖谷出沒蒼
然元氣尚有混沌邃古之態湖西扶輿之鬱積者必
磅礴蜿蟺於槐州之境也宜有魁奇出世之人棲於
其間而小子平日未之嘗聞疑怪之心固已藏之胷
中矣及其登杯禮畢始見公古貌脩然霜髮蕭洒動
止凝重言笑爽朗乃大覺其忠信才德之器其在是
夫小子自此惕然敬仰不能自已而竊怪夫潛形遁
跡不見知於當世也自後或歲一拜公或歲再三拜
公益服公有雅操特行宜夫鄉人之交口薦才行者

29

前後凡三之公以小子不謂之魯考愚鈍許心賜顧者多小子亦以為依仰之得路矣豈意再昨之復公遽違世也八耋光陰如星過雷如公之賢何處更得嗚呼天之生魁奇出世之人其必使顯揚清時垂名後代而公之身命何其堙沒無稱旣而自解曰天之錫公者箕疇五福也何者人之為壽七十為稀而稀且得七齡公之壽得矣田園頗廣緡穀稍裕賓客滿堂子孫無憂則公之家可謂不貧矣人世之間百憂多端不保其必無而公之一生虛舟泛河是非不到平居無事安閑自適公之於身可謂康寧矣孝友敦

睦公之性也愷悌公直公之行也能賙人之窮而憂人之慼親戚景仰鄉隣服膺不動聲色而一家化之公之攸好德可知矣生老太平全父母之髮膚秉大化而歸盡公之考終命可知矣五福之一猶爲之難況兼此五者乎役功名末事奔走東西孰若邱園隱處怡然自得與榮辱関頭是非紛爭孰若潛光混世獨善其身與其有樂於身孰若無憂於心與其有譽於前孰若無毀於後天之報施善人之理固不爽矣雖未見弄璋之喜螟蛉克有諸孫滿眼糟糠偕老兄弟湛樂公之享福亦可謂兼美而俱全嗚呼往在戊

申吾先考年躋八耋以十渡歸之冤不得已作槐廬
之行歷訪公于斜陽草堂是時小子亦陪行而侍側
見公與吾先考白首相對玄窮相通講說平生討論
今古匯若世人姻親瓜葛之誼而止也及其分手而
起公含淚曰吾子兩翁俱爲年迫朝暮此世無路更
逢更逢之期只在泉臺之下悠冀子此去期於冥捷
以遂一生宿願則吾心亦無恨焉天道無知槐黃之
榜竟歸落莫吾先考有詩曰自憐詩骨青山塚冤氣
春風草不生後四年辛亥回爲下世翌年壬子公亦
棄代小子之不肖孤露者撫念疇昔尤不覺涕泗之

交顧也嗚呼居諸易邁公之小祥已過大期將至山齋蕭然遺跡荒凉泉石苔生古木扶踈籬落之邉庭戶之間若將聞跫然音聲欬聲而況輪神馬寂無形影公之精靈今在何處豈登雲天乎抑下磅礴乎不然者造物者使之乘莽眇之鳥以出六合之外而以遊無何有之鄉耶溪山依舊人事則非矣已乎〻〻如公之賢何處得來人情到此不覺於悒蘇子瞻有詩曰慟哭西州門往駕邦復還子瞻此詩正謂小子今日道也嗚呼公靈不昧如日我孫婿柳棨不忘我未哭我小子無憾焉

祭聘祖母義城金氏 甲寅九月

惟靈天姿端潔性又純柔孝以事舅姑敬以奉君子供祭祀以誠待賓客以禮撫子孫止於慈御婢僕得其道閨門之內雍睦有淳古餘風鄉閭親戚孰不曰女中君子此非小子之蕪辭短毫所能彷彿於百一者也顧此魯劣猥忝甥館惟靈愛之如子弟敬之如尊賓小子之感鐫不忘者久矣今焉已矣人事非矣歲月荏苒祥日在明畧將數行庸陳其情

祭再從侄子賢文 丁巳八月十九日

嗚呼今日我之哭公哭以平日不忘之情也一生一

死情不以死生而或異也生者之情死者忘之乎死者之情生者忘之乎情有生死之不忘則言語而可盡乎魂夢而可傳乎我有言而公未之荅我有夢而公未之記姑將數行文字述其情之萬一者可乎我以叔而少於公十年公以姪而多於我十年我之孩提公之成童公之鬢蒼我之總卯公年三十六而訣我我年二十六而失公中間遊戲曾不草草乎然而一日而有朝晝暮夜一年而有春夏秋冬相守而不能離者十有餘年則這間情處何可盡言方其對頭接膝同於筆研把袖携袂同於道逢南山賞花之節東園

35

種竹之辰風軒詠詩之夕春服浴歸之夜荊圍赴擧之秋翫雪鑿氷之遊拾螢獵魚之戲書籍點檢之席翰墨提携之場我所須者公公所待者我且夫槐驛暮逢公迷而我導文山雪夜我客而公訪錦湖橋頭公馬嘶而我勞溫泉道上我酒醉而公扶泮橋同盃華溪聯枕壽峽並轡瀛海齊鞭睡後之談醉餘之話病裏之語訣時之托我之情於公乎公之情於我乎公其忘此耶我其忘此耶死者猶可忘也生者不可忘也公其知此耶其不知耶去年今日我來而公在今年今日我來而公不在何耶今年今日即槐黃禮羅

之日也宗族儕友莫不同赴公獨何歸而不知耶嗚呼公今已矣而公有餘慶之可賀者公之遺孤今既順經痘疫且聰明出類今年七歲能誦七書首章昔白居易四歲識之無二字終爲當世文章家宗匠今七歲而識經書七章者可望他日地步成就公之老親以此慰懷想公不昧之靈亦必喜悅於冥冥嗚呼情溢辭蹙不知所止尚饗

祭仲氏文 己未五月五日

維歲己未端陽之節即我仲兄大歸之日舍季弟琹不勝痛怛敢陳文字略具麴蘖再拜哭告靈筵前曰

惟公至行神鬼可質孝思天賦已自髫齔生孝事親
惟力惟竭供極滋味身常奧裼小心敬々無敢或缺
隆愛同氣有家守壹推及睦婣本善賙卹貝總功同爨
情話攸悅施人則愽自甘麁糲鄉人交口興歎不歇
克勵衰俗可賓三物福善無驗幾然奄忽兩家祖曾
四登庠室詩書古業簪組遺闕以公才行可繼先烈
時乎命乎有志紙屈中年錯莫絃斷友琴兩女幾婦
俱致早沒諸孫俊秀多見夭折災福亘幻天理軼軏
一肎克構三椸繞膝林泉窈窕花樹簇列坐享素封
不羨爵秩彈棊詠詩有樂洋溢上界神仙公乃髣髴

性豪業嗜酒後頹脫見人不淑嫉如禽獸嗚呼吾兄
無愧曩昔去月八日有事適出上馬歸來韶顔華髮
筋力康旺宜享遐耋天乎地乎物理茫茫豈意中途
遽然昏絶所謂仙化吾兄之說草草壽限六旬減一
猶幸骨肉陪行哭訣嗚呼痛哉萬事已畢惟弟情地
言之腸熱親年喜懼尚在覓栗才及弱冠怙恃並失
兄弟五人伯叔已卒餘存幾何南北刁刁父母愛我
遺志公述擬我成就念我契闊移弟之眷作兄之享
先墟松楸故園蓬蓽七世遺蹟千卷古帙視若忘域
一朝遠別弟意可想兄眷攸切季園同醉姜衾共設

39

天不兄佑地不弟恤曾未周星吾兄又奪已乎〻〻
身世益拙撫念平日陪公跋涉錦水肙雨鷄山衝雪
春塘伴宿灞橋偕菝解衣我服賖酒我啜閔我無飢
慮我或疾如公友愛世無儔匹公今何歸世事瓦裂
兄今一弟〻今一侄煢〻以依路人堪咽窮吾之喙
情不可悉闔我之弟氣不足泄臺山之陽有谷曰月
雲岑蒼〻溪水泱〻卜公幽宅萬年惟吉文出于衷
幽明可徹公靈不昧庶幾歆歟

蜃樓上樑文

述夫鷄園鰲柱垂曜乾象之墟蝸室蜂房班形坤靈

之野惟彼茫洋浩漫之域蓋有虛無縹緲之觀其名
曰蜃樓無資地成孰噓吸是樓下有物海中最靈龍
王之臣螺女之子身潛九重蛟窟吞吐水面形霞育
藏萬顆驪珠恍惚海底明月奪得造化之妙吹成樓
閣之形弁乎騂東春夏之氣正澈之罘山下溟海之
景方濃不待水精之入淵採光恍如溫嶠之燃犀燭
恠維時老蜃神變如龍吐沫為雨噓氣為雲杳然是
積水三千里以虛作實變無作有俄然成廣廈億萬
間煥乎其青黃黑白朱丹望之如人物冠蓋城堞鯨
鬚席龜甲屏魚鱗尾瑞光玲瓏雲母窓水晶簾珊瑚

41

鈎神彩照耀璚甍鶴翥洩珠網於星津綉桷㪷伸吐
璇璫於月戶儘乎非人力也居然不日成之巧做椎
輪之圓方般倕無所措手列開汞髹之金碧離婁為
之眩睛左控蓬萊右挹瀛洲依俙廣寒之玉樓十二
上接層霄下臨無地髣髴岳陽之氣像萬千爰設慶
會之遊俾侑落成之宴旁招海若戾集波臣邀大夫
於湘潭大魚坦腹迎謫仙於采石長鯨伸腰瑤軒張
鮫綃之帷珠闕鋪龜紋之席鼉將軍鼈主簿恭行薦
瓊之厨琴高生赤鯶公紛守炊玉之室晉水堤吏煮
大鮪而銀燭張龍伯國人鱠巨鼇而瑤床列獨根瓊

楣之乏句鑿致貝闕之無光新宮勒銘山玄卿之雕
琢玉臺摛藻李長吉之寂寥乃有憑虛子身被金節
羽衣步自瑤臺銀闕開口而詠鳳吐唾而成珠手藝
於琢玉鍊金眼明於潮風弄月三山為筆峰青天為
大紙用題太上文章長虹作字畫東海作硯池以耀
空中樓觀遂綴鋪語庸資兒樑
抛樑東天氣澄清太皞宮近水扶桑三萬里玉妃呼
月駕長風
抛樑南廣桑山色隱紅嵐瑤臺縹緲多仙子月夕琅
〻聞笑談

43

抛樑西銅雀阿房極目迷全盛須臾真可笑孰如桑海後天齊

抛樑北鯤海茫茫侵斗極人傑元來地靈文明佳氣朝鮮國

抛樑上十二瓊樓仙珮響日出咸池瑞靄收榆花賷陌平如掌

抛樑下纓冠水族驩如也坡仙剩被鼇相斷廣利宮前顏渥赭

伏願上樑之後水國升平魚鼇咸若八十一萬歲長添海屋之遐籌三千六百年恒作珠宮之盛會

鵲巢上樑文

木德一萬八千年彗彼營室之下照羽虫三百六十
數惟角居巢之上樑如翬斯飛容膝之易中有羽客
其名曰鵲秦越人之族有巢氏之民赤壁三更詠敀
月明星稀之句銀洲七夕飛渡牽牛織女之橋含玆
新鷇食雛居宜此室處相彼鷗眠鷺立何以棲遲於是胥
宇於鴻基擇良日於鳳曆曲江之鴿奴使孤山之鶴子
來山無全枝精衛曹木天未陰雨鴟鴞撤桑歲之所
在風之所從辨向背於方位上而為棟下而為宇並
手口而拮据經始於以季冬載之月令中央共安一

45

木著於說文百鳥之智莫如齊一枝之棲可以樂仰可援俯可窺盈尺之地翼然飛閣揣其本齊其末方寸之木高於岑樓不日成之非人力也一棵如管王爾援其鉤繩大朴無華般倕章其規矩黃鶴樓鳳凰臺鳩鶴觀儘是浮名孔雀屏鶱鶱尾翡翠簾奚獨專美方當鳳篆之揭額恨乏鳥跡之造書烏冠婦人不過入幕之賀語金衣公子徒是繞樑之嬌歌乃令鸚鵡傳言復使雕鶚安薦仍設烏集之落宴齊動鳥蹌樂音邀佳客於西雝振鷺庋止迎道士於赤壁孤鶴飛鳴提壺春林飛羽觴而醉月畫眉朝日舞衣憤而

旋風惟時鳥有先生翼如而進詠鳳詩才機鵝書法
運鷄毛之筆展鶴羽之賤碧溪翁揮毫髣髴賦鸎之
李白雪衣娘奉硯恍惚童烏之草玄以好鳥而鳴春
偉良禽之擇木遂贊盛擧置諸橫樑
拋樑東鹿鵲帶出火輪紅桃都樹上三千里起聽天
鷄五夜中
拋樑南炎洲萬里冪青嵐番禺婦女明璫解石桃中
宵以媚男
拋樑西上林多少樹先齊家〻報喜三更月廷尉門
前復欲棲

47

枇杷北雎鳩飛在河之側夫人為誦召南詩周后仁
風覃四國
枇杷上鸞騄鶴馭紛來往玉樓高啄傍河橋長吉文
辭覽盡誇
枇杷下莽鳥飛過迷野馬正見襍姐戲小園第兄貴
氣俱闋雉
惟頼上杷之後巢居無災羽族咸若荊山玉碎喜無
恙於抵過柳岸烟籠頌得氣於飛去百舌献賀不使
雉鳩居之一羣嬌啼莫如昔鳥樂也風風雨雨豈有
木處而頽歲歲年年永保禽視之慶

五會詩軸序

木州東有鵲城瑞雲之山、下有葛田萬花之溪緣溪上下有老礎廣德桃竹芝梅之庄、之相去遠不能十里近則聲欬猶聞有三四姓氏居焉為蕓士之望但以文學為業而世守之蓋如齊魯之天性每烟朝月夕評花課鳥步徉以相酬盃觴以相樂者其來久矣載在大麓誌一如輿地勝覽之条例標題以山川姓氏採錄以風俗題詠永以為蕓士文獻故事李白洲之記曰木之人忠孝多志行金鶴洲之詩曰山川彝律多英氣民物淳厖有古風即此而益見其有

聽矣乃者余同志若干人相與謀曰吾儕雖不及古
人之萬一居在先賢杖屨之地欲述遺風佐世好倣
古真率之遊以暢情叙懷如洛中諸賢之就富公宅
為第一會何如僉曰諾遂以八月之九日會于竹巢
觴而詠之可樂也又曰蘇子瞻有赤壁之再遊吾儕
其可一會而止至〻月之中旬再會於桃源如初會
三會於德新如再會又以十二月四會於英堂五會
於廣基如前會之必以酒〻後必賦詩前後酬唱合
成五軸詩凡百許篇人各五篇詩或四三篇或一二
篇皆與其會而賦之者或聞其風而和之者姓氏在

軸中者尹南元朴各一人完山之李二人上黨之韓
三人洱洲之金六人花山之金八人我高興之柳十
有二人又有〻故而未至者又有無約而未来者多
如使畢集而均賦則茲士十里之內酒徒詞客將至
數十百人豈至止此而止哉然此五會往来繽紛不
憚其勞老者扶杖年少者奉袂白髮紅顔嬉笑盈路
其不知者以為酒也其知者以為賦詩也尚不知吾
儕本意不在酒不在詩在乎尚古勸未之義也試觀
夫此地有晦菴竹林之院有寒岡亭遺址有老隱亭
自開亭之題詠有仙源石室之經筆有倒影岩削成

臺之革跡有望海庵銀石寺之詩社有英會臺之緈
始有大開騷壇高步詞場使當世人奔走汗流之流
風在〻則有如諸葛孔明躬耕南陽而臥龍岡名天
下杜子美卜築浣花而西蜀江山生色千古康節先
生道成於洛下而十二行窩為名教中樂地也吾儕
生長此土只知其山川姓氏不知其風俗題詠則譬
如江上漁父只知其取適滄波而不知其身堪畫於
龍眠彩幅之中又不知其款乃一聲移入於詩人山
水絲之句也今此五會詩軸雖不足以掛具眼續輿
誌而家兒榮茂亦隨其父預其席末者欲使諸公珠

唾不帰之鼠壤遂輯爲一帙其意亦可嘉故書此以記其蹟甲戌臘月日梧泉翁序

五會村圖序

五會吾鄉勝會〻而飲〻而詩未半歲會凡五之玆去十里閒曲〻村庄山水盡入於吟哦軸中用爲珎玩而余以拙辭尾其端矣竹巢居士推而廣之遂作五會村圖其溪山脈絡岩泉奇勝峯皆呈態於筆頭摸狀有如開雲而得月摘花而尋香儘是光景之別層妙境也學勇子又見其圖而奇之贊而歌之復使圖中之一山一水一林一壑一泉一石無不增光而

53

潤色雖虎頭龍眠之手亦無以加此余乃見其畵而
讀其文〻中之畵〻中之村瞭然如指掌遂凝睇遊
神于尺紙中歷梅村從芝嶺掠七星岩憂德星里訪
桃源尋磻溪板削成臺登老隱亭緣葛田溪遨自閑
亭陟瑞雲山休望海菴穿夢覺山瀕落水岩撫懸鼓
樹抱硯滴峯涉柳浦遵石橋遮水回里踰蘆隱峴玩
三台石亂九溪水指長明驛問銀石寺循鵲城聽鳴
巖轉梅臺歷明星衣冠之洞憩寒岡亭風乎竹林書
院挂笏西林南山之爽氣聯袂松亭栢墅之清風集
于洗硯池升之英會堂旋入我一座萬花之村若將

與德林廣基德新之諸君子招呼觴詠樂而忘歸則竹巢之爲圖也學勇之贊與歟也不下於莪眉圖輞川圖而無愧乎虎溪之三笑圖〻未復爲序更頓年〻歲〻續五會爲千百會

五會村圖贊

大麓之東瑞雲蔥蘢莫〻葛田九溪會同銅城環繞盤谷窈深寒岡向暖嘉木成林落水有巖望海爲菴削成蒼臺倒影寒潭三台七星石作奇形鵲城崢嶸藥泉清泠山轉水回人傑地靈衣冠世族老隱林泉磻溪漁父桃源洞仙乃拓廣基長發吉祥栢田柳浦

55

石橋梅堂桃花萩々白石粲々洞天圓寂明星有爛
銀石屛闈藥師鐘鳴烱震自閑水月長明大樹騰將
白戰萬弩寫捷洗硯樹功懸鼓乃積軍粮聖主之恩
請祝冨寿南山之樽西林鶴步斗墟龍射二三閑翁
擇勝亭舍松亭月上竹巢鳳鳴羣英會心德星聚精
求道君子廣德眞儒三者飭躬勉實工夫晩而喜易
硯滴點朱夢覺東窓渾然德新勝日尋芳萬花溪濱
德林交翠晩梅吐紅孤桐霽月黄鳥春風龍頭吉地
壺項醉翁萬川之上樂吾道東

大麓誌跋

木之縣處我東三百六十之一山川土産風俗人物概見於輿地勝覽以權輿之後三百餘年有順庵安公宰于茲爲縣志其綱條備矣編一冊爲縣藏獨繡梓廣且傳未遑者迄三紀于茲今知縣漢陽趙侯來越四年政乃擧遂志於輯縣志與邑之章甫轉謀而採摭之其規模凡例而尤致詳焉古事之表著宰行之卓異殆無闕焉標題倣舊加圈而識別增續而附新燦然成可儀茲土之良史也校讐已付諸剞劂氏俾壽於後於尚古勸來之意勤且摯矣果爲本邑之盛擧也縣之界介乎山水之間峽焉而野窮隰而高敞

明沙白壤正當湖西清淑之氣宜夫英靈秀出忠義孝烈之蹟比屋皆然且文學若齊曾之天性尤可尚也覽是誌者不翅於溪山巖泉之勝田民貢賦軍書穀物之數較然若列掌其必屈指曰某也忠某也孝某也有德業文章相與勸勉之興起之安知夫今而後許多年不有博學經濟之姿倫倜卓絕之行萃于是而又複〻然出也又安知我東諸州縣不取法而相繼爲是志也夫如是也是亦有補於治道之萬一

聖上十七年丁丑中春謹識

重修世譜跋

我柳氏之源未知自何時始而其年代事蹟由高麗

中葉而可攷 皇明萬曆間余之從七世祖提學公

著柳氏檮杌其條例盖詳備焉不幸灰燼於兵燹遂

無傳余六世祖舍人公用是慨然修一部譜卷自始

祖以下世系事蹟及宗黨外裔記之甚悉手澤尚宛

然柳之譜宗權輿焉其後譜牒之刊行凡三之皆湖

南之楚山僉宗勤勞而辦得者其為宗族裨益多矣

幸於頃歲甲寅我 正宗大王特伸提學公百歲之

幽冤復爵而貤贈之可與夷齊為伯仲永有辭於天

下萬世為其子若姪並蒙褒奬之恩則系錄之重修

亦斷不可已也況修譜日久子孫漸滋者乎茲者余
族大父譐慨然謂諸族曰吾柳氏獲覩閭門無前之
慶盍因此而重修先系乎僉曰善乃咸聚於湖左之
碑巖山詳爛區畫使宗中老成人命漢現璀慶道振
源祖述主其事永漢琳東一璟宗星恒述榮日董其
役又使棟日榮樓璹業道載益相與編輯而校正余
於是竊不自量其猥越敢終始隨後耳其規模凡例
視舊譜頗致詳焉蓋從牒之考證者耳目之記聞者
訛誤而釐正者傳疑而俟後者及嘉言善行之可述
者夙夜與諸宗恭互而議處分爲十編合成一帙役

始於是歲之春畢功告于秋季計日凡二百餘用錢
殆二十萬具徃来監董並勞效事者將近百許人相
與合席叙懷曰吾柳氏古稱將相簪纓之族忠孝節
義文章之士蔚然輩出爲海東名家有若余十六世
祖英密公府君豊功偉蹟載在輿覽新書尚矣無容
史贅再傳而有忠正公胡安公以社稷勳勞並耀於
史策如日星其流風餘烈久益[illegible]不衰襄靖公作
致仕名臣司諫公拖文武全材高興興陽君之勳業
寒泉南湖公之文學吏判領相公之德行於于衛卒
公之節義醉吃恭宇公之文章皆爲世間人又若瀛

洲有避世之翁浩歌北風之詩牟陽多倡義之士並
美南門之錄 天安廟下五世旌孝靈光洋中一門殉
節井邑之倭総洞扶安之胡伐峙高敞之侍墓同興
德之孝坪里俱為路人之指點或以 龍潛旧交甘
謝名利或以虎桓壯士樂赴湯火或有上國观風如
季子者或有異域全節如中郎者或有聲義咁闇之
士或有閑詞嘉遯之儒播居畿甸桑麻之郊湖海梅
竹之鄉世業詩禮耕稼之業者見今千有餘人以祖
先而視之則均是膝下兄弟人也其分派之後先居
地之遠近固何足較論也茲事之成誠非偶然曰又

合諱嗣建侍中公墓閣重修英廟公祠宇豈敢曰吾儕之勞在天先靈必默祐于冥冥者存也蓋記此以志其事余曰然十載之經營周年而告成竊有所感者際謹述其顛末以鑽 遺志之萬一恭俟識者之恕焉覽斯譜者宜以忠義孝悌各相勉旃 崇禎後三甲子季秋上澣 舍人公六世孫琹拜手謹跋

洞稧帖後題

洞之有稧古例也新安朱子之社倉藍田呂氏之鄉約皆此道也推而大之則治国平天下無不當焉吾

洞中舊設洞憲其條約備矣 先人之志寓焉茲者
重修之防役錢財充數收斂以祛日後民弊大輩長
杠小方床蓋揮帳仰帳燭籠搖鈴等物改造而新成
之移建庫屋于英會堂之前工告畢略設鄉飲酒之
儀因增修名帖竊有感焉書溗謹識于卷末時己巳
三月十五日也

祭亡女文

維歲丁丑至月十七即我亡女孺人李室祥碁之辰
前期一日乙卯之夕父有寒疾未能往哭不勝痛悼
替送汝兄撰文以告嗚呼哀哉靈其來聽汝已殁矣

寂無影形魂精何在九原冥〻雖我有言汝豈能記
於汝生世頗解文字不教而能領略音義心竅開明
女中之士雖其強解耿結未已文出東曲想應有知
頷言承聆有若生時往年丁巳六月上旬〻有四日
汝生之辰落席呱〻日出于寅我家多男有女亦育
貧窶之故挐〻南爲草浦馬蹶拯汝水中他鄉六年
學語孩童提携錦北還歸故里教汝織紝執汝麻枲
吃汝頷腫舐汝頰瘡汝將勝笄偕之漢陽儱屋雖小
卿相之隣豪門侍兒往來續〻曰小姐賢和吉且淑
衆口一辭宜享福祿壽禧撤寓旋返于木移家前後

再五百里何嘗捨汝鍾愛終始芳年二九送汝宜家
玉潤之郎宴爾孔嘉牛鳴近地置郵匪遐日聞聲息
月見容儀非我譽汝嫁不孝衰類我往見數汝歸寧
紉慕之思藹然于形所愧父貧薄汝資裝蕭蕭竹笥
草草練裳珠翠華飾女子常情汝則不願所見頗明
愛人喜施自忘勞飢怒不形外歡笑怡怡洗手入廚
低眉上機為尊親供為公子衣夫曰良配舅曰賢婦
小姑在傍倚汝如母且喜汝家連得科聲舅發解額
夫捷魁名汝能祈天沐浴虔誠人言德門吉慶所至
不幸人事難諶天意汝或福過汝何命短纔產一女

遂病煩懣弱質受傷良藥蔑效軟麻手脚憔悴顏貌
父母目前遽然長逝得年二十永訣人世天胡奪速
痛哉惜哉平生所嬌何處得來汝之郎君情地可憐
晝宵救護必欲生全奮絃忽斷鳳膠難續六月飛霜
青山埋玉非痛我哀孰不慘毒載汝靈輀往即汝宅
夫黨族姓莫不臆塞里巷嗚咽婢僕涕泗胡為其然
可想情地于歸二朞無愆婦德所以人心如是痛惜
屋後之山一抔荒原霜露已变可怜孤魂汝為阿父
講供旨酒父方福淺汝不保有汝為阿母欲進暖衣
母也命奇汝先何歸汝有遺孩慘不忍見未吮母乳

安知母面汝目未瞑應是眷戀今幾過晬匍匐學步一塊血屬惟冀善護自我哭汝鬢髮漸素幾向泉路與爾相遇未死之前不能忘汝汝或有知未格此語

伯氏遷葬時祭文 戊寅二月

嗚呼兄弟天屬之至親所以友恭湛和樂之無已者爲其同侍父母之日長也惟弟寔有私恨之無窮吾兄弟凡五人公爲最長我爲最季我生之時公年四十則我生之前公已半世矣公沒之時我年二十則公沒之後我獨餘年也除幼孩疾病其間同侍父母而爲樂者能得幾何歲月嗚呼往年辛亥即公回甲

之歲亦公棄代之年也其時我先皇考壽躋八耋遽
遭逆理之慟未終歲先皇考下世後五年先皇妣又
爲下世罔涯之慟窮懷靡極星霜累遷已過二十有
餘載廓然莫逮者日月多矣嗚呼公葬在我曾王考
瀛洲公之墓之左麓者今至二十八年公之前配宜
寧南氏葬在我高王考梅軒公之墓之右麓者今至
六十五年公之繼配全州李氏葬在我先皇妣恭人
金氏之墓之階下者今至十五年雖是先塋世葬之
地三位各所恐或有體魄之不寧故公之胤子竭誠
力茲營合兆于萬花洞家後坤坐之原此果爲公萬

世幽宅也嗚呼三壙改穿玄棺出世一封開塋再旐
同宮疇昔之謦欬音容若將承接其在同氣之地孔
懷之情倘如何哉嗚呼昔公在世有篤行宗德宗族
鄉黨至今傳誦之不已世所謂仁人君子公乃其人
而遺塵餘馥只是四尺之墳土而已其將以此永公
平生之萬一乎嗚呼公昔捐世弟在弱冠矣今焉弱
冠者將近知命青絲之髮將成白雪幾何而隨公於
泉下同侍父母於千秋萬歲也嗚呼哀哉尚饗
　於于公翳頓改摸後告辭
維崇禎百九十年歲次丁丑六月戊寅孝裔某等敢

昭告于顯旁先祖 贈資憲大夫吏曹判書兼知 經筵
義禁府事弘文舘大提学藝文舘大提学知春秋舘
成均舘事五衛都摠府都摠管行嘉義大夫吏曹參
判兼同知 經筵義禁府事弘文舘提学藝文舘提学
同知春秋舘成均舘事五衛都摠府副摠管於于堂
府君伏以公昔在世勳府畵像瀛鄕藏傳雲祠豆享
星霜累換綃本渝弊其將永泯曷任感悕慨然起慕
爰改寫照一幅宛若七分惟肖于以奉還惟本之鄕
旁裔攸廬庶幾洋洋一架新祠綿力靡逮敢茲權安
惶悚萬萬 吾祖巻宇寔公季侄甲子文榮八月五日

聿追遺志恭虔洞潦兹率群族虔告謹告

答金高原書

鐵峽橫天鴈信亦稀千里馳神日夕憧〻際兹而獲拜惠問何等聳豁且審邇來政體動止神相萬衛伏慰無任而羸慱之懷聞來悵惜腰間黃綬夙志繼就膝下斑衣遐福未圓造物者亦有猜劇耶仰為之咄〻悒戚少休宿拙是保除外何煩第念四頭毛穎帶未遠方之神助而自願謝步很用於青山之荊圍不能學書中之二中徒做他接下之次下可愧又可呵也且白今日閑山贈筆之感念乃昔年晉陽惠紙之流

風倥偬簿領之暇今及於鄉里舊交此所以為今世
古人既感且賀茲將拙搆而仰報笑領如何

本官呈單

恐鑑伏以民居在鄉曲無才寡識凡于事為猶且粗
魯降里出入未免齟齬故棲遑田畝傴伏庭牖既不
閑絃誦之儀亦未習俎豆之禮自顧素志不覺騂顏
雖閉戶索居自守愚拙猶有貽譏取笑之不暇今此
校宮任名寔是望外自知甚明反躬而生踈豈敢措
當强顏而冒忝乎第念伏校宮即縣學也果為士子藏
修之所苟或有分寸興起之效豈欲有絲毫免避之心

73

見今回循之弊漸成澆漓之風明倫之席或鬧爭端
供士之方便同罡來所以有識者含嘿而不言潔已
者斂跡而獨善平地每有風波之起吹毛覓疵之習
去而益甚如民淺陋矯抹沒策苐欲强意隨俗則積
謗叢身開喙排衆則侮辱當頭不能裨益於聽聆徒
自玷汚其體貌此寔難强之勢也且有不得已之私
故方將遠役審香展謁闕參必矣本邑雖曰十室之
小尚多章甫之濟濟改薦他人甚非難事奚獨於民
强其所不能以致損傷體例乎惟冀洞察情勢特許
改定俾免招謗益咎之地千萬幸甚

九溪新舍上樑文

琴書四十年夙嘗湖西之別業茅屋八九間聿卜石
南之新居九溪之村五畝其宅余本瀛陽氏族洛東
世家楊柳洞窈窕溪山六百年泉石猶在馳駱山高
大門戶十二世簪組相傳銀杏書燈遂爲木州之故
事沙汀水榭移成花村之僑庄二千餘卷滿架古書
示以墨帳一直相傳承家遺業守之靑氈顧念風樹
之餘生便同海萍之浮跡二毛年四方客棲南席不
暖突不黔八口家千里程往東湖之南漢之北絲成
故里毀椽之茅棟遂擇玆土一壑之林泉大木嶽橫、

天正餘可矣鶯遷銀石山入雲高岡依然鳳舞三峯
直上出俗傳笠帽鷹鵲之佳名四水並流縣誌載襟
帶龜龍之奇格松青石白背後列九疊銀屏水碧沙
明眼前開十里玉鏡立石下萬家岱人傳玉龍之觀
形平地上一突岡天作金龜之之曳尾直來橫結占
得子坐之基正字方田端的兒起之野山盡水會縮
轂委輸之塲人傑地靈扶輿清淑之氣出沒隱現底
幾隱君子之幽棲塏爍爽明豈若晏平仲之湫隘竊
慕浣花溪卜築擬成卧龍岡草堂朴而無華斧役鉅
彼天然去飾鑿斷簷斯用庇暑雨風寒上棟而下宇

爰度陰陽向背北牖而南窓辛卯生丁丑年合吉成造之大運壬子月己酉日擇良未復之上旬里上仁之攸廬左推桃源右控栢野擇不處焉得智後有竹院前有英臺是豈人力之攸求寔維天意之所在入此室也父子兄弟叔侄祖孫有是家居慈孝友恭敦厚怡悅淸風軒明月檻唐突春夏秋冬梨花院柳絮塘逍遙朝晝暮夕孰不曰得地而人以美是所謂有志者事竟成玆消吉而擧樑用假辭而唱偉

抛樑東日出徐林萬縷紅倚枕閑翁春睡覺光明氣像滿窓櫳

枇㮶西門懸山色淡烟低行人指點淸明界楊柳依
：護綠提
枇㮶南萬景桐林翠滴嵐靜裏主人簾箔捲一輪明
月到蓴潭
枇㮶北銀山秀色連天碧石齋僧入靜擊寒鐘留住閑
雲棲絕壁
枇㮶上奎華宵徹文昌朗森然下照毓英靈水麗山
明吾道廣
枇㮶下高平原陸谿如也文明鍾結玉盤圓萬戶笙
歌烟月野

伏願上梁之後門閭日熾福祿雲興雪月風花品題
部尭夫行窩十二笙歌竽瑟指揮郭汾陽家僮三千

村民山祭祝

伏以大麓之中銀石山崇銀石之東九溪會同三峰
屹然峻極于天於萬斯年鎭我井川環衛如屛俯臨
七星有神乃靈陰祐冥々地閲今古位正子午。茲涓
吉辰虔告明禋籩豆旣陳牲幣維新炯々赫々是歆
是格有願必獲慶祿攸積篤我村里惠我人士上仁爲
美百福之喜壽之父母和以夫婦子孫攸久貨財
孔阜五穀遂登六畜其升勢業日增富貴雲興家々

79

積穀人人鼓腹無病樂育安此比屋皆神之恵以興嗣歲異茲蕉荔永世勿替　造化之主功用斯普上

金瑞山菴閣上樑文

崇禎紀元再癸亥卓純誠之格天年月日時四庚辰修新菴之耀日三朝是奬百世有光竊惟故孝子通政大夫行瑞山郡守金公江陵世家木州人望天界金櫝粤自一千年新羅出鍚鏡滇相承四十世洪緒自然靈根之毓慶乃者奕葉之蜚英忠孝烈同日殉身事在三綱行宗伯叔李一時鳴世人稱五宗文章義激南渡之乾坤桃源日月戢辭出朝之年獅粟里春秋

浩然名亭老而作主惜乎援筆屈也爲親肆以閑閑
家醇聯乃有魁傑人特秀孝哉血指君子以爲難時
則髫齡古人所未易湖間風雨巧值多艱溟海星霜
不幸曠侍負米以供滋矣五百里艱辛懷橘之誠藐
然十六歲童子續月織路縱跡踄之縩伸積歲呼閤
奈幽冤之莫徹叩心齋痛天地癘或知之囑指成章
神鬼亦可感矣稽首草藁之席泣血愧辣之扉連日
之寒兩法身誠意彌篤通宵之積雪沒背氣息垂窮
同時數陳三公爲之掩抑即日伸宥九重至於咨嗟
至矣感天之誠以子訟父嘉乃得人之慶移孝爲忠

81

遂觧霞盃之究特蒙賜環之寵始膺蔭仕蜀報一心
晩登耆科歷典三邑經史滿架留與子孫之箕裘詩
酒登樓究觀江山之文藻家訓自處以常理恒守人
道之攝讓縣兼略載其平生咸稱風化之裨益湖儒
已為興感乃有繹路之齊聲道伯申其上查遂致春
曹之陳啓自天降命特垂絲綸之德音聳人觀瞻克
孤棹樑之崇典明辰奬善之政無德不彰孝子顯親
之誠有志必遂載瞻旧居之衙宇乃營新搆之旌閭
鳩聚大麓之體材輪奐其制鵝撰名家之額筆輿情
所歆木之鄉蔦之坊鵲之南龜之東溪山動色竹如

卷松如茂瀑如飛鳥如華里閒增輝鶴髮在堂尚無恙於述見鳳毛傳緒庶不忝爾所生簪紱盈門濟濟文武之尹孟盤錯庸彬彬孝友之張少停爾匠氏之斤且聽我兒郎之曲兒郎偉拋樑東銅城山色瑞雲中須看寸草春暉報無限仁天雨露功兒郎偉拋樑西銀嶽連天樹影齊回首口巖驚一夢夕陽鳥鳥盡情啼兒郎偉拋樑南九曲溪流滙作潭也識水魚饒躍出祇應交播野翁譚兒郎偉拋樑北天近蓬萊雲五色聖意分明式此閭商容發者吾東國兒郎偉拋樑上瑤空日出回仙仗應教竹筍雪中生昕夕長供

甘旨養兒郎佛拋樑下武陵仙洞明開野天翁於妖
降之祥鷄哺拘兒相樂也伏願上樑之後永錫爾類
高大其門興起民彛植元氣於八域謳歌聖德祚永
命於萬年

瑞隱堂記

士之有志者不得其志則隱或隱於詩酒或隱於漁
釣樵牧陶冶或隱於物外浮屠皆所以寓其志也吾
戚兄金君子順氏志士也早抱卓犖之才刻意進取
其自期固不淺歟卒之時與人違命與仇謀布韋而
老可惜也已然其志不以爲慨入于瑞雲山築一茅

堂扁之曰瑞隱一日謂余曰吾豈隱者也吾江陵世家古稱多高蹈之士吾傍先祖梅月公抗志不仕托跡於浮屠而有詩曰削髮逃塵世存髥表丈夫遂終身隱焉吾五世祖洗馬公當丙子亂無意宦達有書曰南渡乾坤此何今世東寇和款又何今日仍歸大麓之道元村自號桃源以寓物外之志而隱焉今吾處而落䫋者非敢以隱自處甚無求於世跡雖異而志則同故隱居于瑞雲山名吾臺曰瑞隱隱之之稱得無僭乎名臺已乃以梅月公之詩洗馬公之書特揭于壁上每出入起居輒目寓而口誦之惕有感焉而

慕之者余曰題斯子之志也非徒視富貴如浮雲雖在隱居乎不忘乎家風誦其詩而讀其書百世之清風宛在於一室此可謂肯構之堂也子順氏乎真瑞雲之隱君子也雖然子之志其止此乎入山而卷靜卧雲而窮理於世上事洞然明見豈不知所居之地乎山名瑞雲有雲瑞也或者以雲紀官乎子之白眉與群從方足躡雲衢子有克肯之子有凌雲之才則雲亦靈矣哉雲氣族而油然出岫將去作雨於人間然則子之隱也謂之瑞雲也亦宜

不若偶然

九溪卜居說

天以陰陽五行化生萬物氣以成形理亦賦焉夫氣者理之形也形者理之賦也凡有形氣無往而不理在天成象爲日月星辰在地成形爲水火土石形不出於理而理不外乎氣故理之在地者上應天象有磅礴沖和之氣其氣融結則峙而爲山其氣蓄洩則流而爲川山水之形卽一陰陽何謂之陰陽山靜欲動水動欲靜動靜卽陰陽丘陵爲牡谿谷爲牝〻牡亦陰陽總說陰陽便是五行何謂之五行坎水离火震木兌金之屬五行之方位也金圓木直火尖土方之類五行之體象也是故五行之上陰陽交濟陰陽

之中五行相錯推以先天後天辨八卦之陰陽揆以左旋右旋分雙山之五行至於衰旺生克合変之極而乃有聚散得失吉凶之應天地人三才之理何嘗有異也天地儲精山澤通氣中於萬物惟人最靈受陰陽之化禀五行之秀有真精妙合之理故山氣多男澤氣多女石氣多力寒氣多壽暑氣多夭湍水人輕遲水人重堅土之人剛弱土之人柔息土之人美耗土之人醜人之食土飲水者欲奠世傳之居則不可不擇乎山水之形氣大凡天下山水有高低大小長短巨細之不同山高而大水長而巨其氣盛山低而

小水短而細其氣微山強而水弱水強而山弱其氣
偏必以名山大川輔而秀繚而深有重〻疊〻周遭
拱護之勢方可謂吉地所謂英雄豪傑嶽瀆之精靈
富貴繁華山川之發應然山貴高大而察其脉絡則
必以山盡處留氣水取深長而究其派流必以水會
處聚氣然則山之所来水之所帰不可不審十洲記
云崑崙山有三角一角正北名閬風巔一角正西名
玄圃臺一角正東名崑崙宮水經云崑崙山距嵩高
五萬里其高一萬一千里是知崑崙為山之最高而
天下山皆祖于崑崙列子曰渤海之東不知幾萬里

有大壑宗無底之谷名曰歸墟八紘九野之水莫不
注之是知東海為水之最大而天下水皆宗于東海
崑崙在中國之西為天下之中岳其支脈四散于天
下北至幽鬼西止安息南至真臘俱二萬五千里獨
東支最長至我朝鮮而止距崑崙蓋五萬有五千餘
里東海在朝鮮之東鄒衍所謂九州之外有大瀛海
環之者也然則崑崙之脈至于東海者為山盡水會
中國有五嶽四瀆九州百郡三十六洞天許多名勝
具載寰宇記一統志不暇備說請以我國朝鮮山脈
水勢之所從来去言之崑崙宮正東角一支過星宿

海為葱嶺其大幹岡脊跨華夷之一半右挾黃河左
環青海穿輪臺積石鴈門雲中出幽州北平薊門之
東為醫巫閭山即禹貢冀州東北界也遂大斷於遼
東高平盤山之間為千里大野々盡而為山綿亘于
安市深河五国城真番郡界阧起為白頭山挾東海
而南聳磅礴雄偉其高大不知幾千萬丈其根據不
知幾百千里杜子詩曰乃知五岳外別有他山尊推
此則白頭之大可謂尊於五岳山有大池周八十里
号三支渕北流為混同江入于北海西流為鴨綠江
入于西海々々者即渤海也東流為豆滿江入于東

海、、者即大瀛海也三支淵之源出白頭若弱水
黑水黃河之源於崑崙是知白頭山即東國之崑崙
余七世傍祖於于公之文有曰白頭山渾體皜皚如
雪疊氷斷魁然傑特嶺睨衆山嶙峋撲地環擁于前
後左右者如嬰兒侍尊丈莫敢與肩其山之一支蔓
于我境爲北道諸山千里之間無一尖峯皆長嶺直
馳嶺上皆沮洳沒膝過南關鐵嶺始崒嵂爲峯巒六
世祖恭守公之文有曰北塞數千里封疆外有白頭
山其壑之西注者歷江界渭源楚山碧潼昌城義州
爲鴨綠江而達于海其壑之東注者歷會寧鍾城穩

城慶源慶興為豆滿江而入于海其山脊之大宗者
直來為長白山此其豆滿之流鴨綠之派截東西山
脉使不得外出而其源則山脊也山勢之不背而前
不脈而中專趍於長白山之脊可知然則白頭為我
國太祖山長白為我国中祖峯白頭之正幹過虛項
嶺為為長白如橫天之雲地高而寒雖盛夏氷雪不
消故歸長白宋史云生女真在北熟女真在南其地
有混同江長白山者是也白頭山在今茂山甲山之
北長白山在今鏡城西甲山東今觀豆滿之流自鏡
城之西東至慶興之西小羅約七八百里鴨綠之派

自甲山之東西至義州之咸化島亘千有餘里二水泝流爲我国之界限東西橫鋪者數千里然則豆滿江爲我国青龍水鴨綠江爲我国白虎水朱夫子曰天下有三大水黃河長江鴨綠此爲信筆且杜子詩他山尊之句足爲明證是知鴨綠之大比於黃河白頭之高亞於崑崙山之所來彌遠而長水之所挾不偏而中向陽開面爲我国疆界幅員三千餘里北障以重嶺朔漠之氣不得流入三面而環海蜿蟺之勢有所蓄積禮義文物天下之最比之謂小中華八路山川星羅而補錯足跡眼力有不可遍到而山有脈

絡水有脈派擧綱而張目可謂指掌長白之脊如大
屋之有標南過吉州斬關嶺爲端川黃土坡爲北青
厚峙嶺又過咸興赴戰嶺爲黃草嶺又過永興釼山
嶺爲文川隱子山又過峽于平康分水嶺起而爲淮
陽之鐵嶺又南至金剛山始秀發削立以奇巖恠石
爲峯凡一萬有二千華人詩曰願生朝鮮国一見金
剛山可想其特絶高妙出尋常萬萬是爲天下名山
其毓靈鍾氣何可量也遂南循關東八邑爲彌秀坡
雪嶽山寒溪山五臺山大關嶺至慶尚界爲安東太
白山入忠清境爲丹陽小白山度豊基竹嶺聞慶鳥

嶺主紇義陽青華之山爲報恩之俗離山此乃我国
山三千七百里大幹龍蟠如樹木根深則幹大幹大則
枝繁枝頭而花〻心而實若白頭根也長白至俗離
幹也幹幹而旁出者枝也枝頭而氣結精聚者花而實
也故大幹之下無大城名都支龍之頭多大地明堂
崑崙之脈正面東抽白頭之脊翻身南出計其屈轉
之妙則我国地形乃左旋局左旋而抱右氣聚於右
左虛而右實理固然也宜乎左枝之東出者短而少
右枝之西出長而多試以我国之支龍而言之可屈
指而歷數矣左而由長白出者爲北六鎮由厚峙出

者爲咸興由太白出者爲安東禮安慶州東萊等邑其餘北自定平南至平海無數百里行龍右而由黃草嶺出者爲江界雪寒嶺西抽而爲狄踰嶺循清北而至義州南抽而爲妙香山遵清南而跨平壤由隱子山出者爲谷山德業山西馳而爲平山綿嶽逶迤於海州首陽文化九月南馳而爲天磨聖居止于開城府松嶽山由分水嶺出者過鐵原大成山永平白雲山嘉平懸燈山楊州道峯山鬪聚特立爲三角山即我東國都萬〻世之洪基此皆千里行龍由俗離出者枝葉最蕃四散於我國之半故俗離謂之三南

中祖峯東落而為慶尚南出而為全羅北去而為畿
甸之南漢清溪冠岳摩尼西來而為忠清錦北之諸
山其在慶尚為尚州白華山星州伽倻山安陰德裕
山至于晋州固城昌原金海其在全羅為南原之智
異全州之母嶽光州之無等羅州之錦城益山之金馬
靈岩之月出長興之天冠興陽之八影自鎮安馬耳
而北者為公州鷄龍扶餘半月鷄龍北錦水之陽即
俗離之西支也自俗離山文壯臺西出一支過報恩
龜峙西復為清州上黨城東旋於請安七宝峙槐山
光方山北轉於陰城君子峙忠州社倉西為竹山之

七章山在鎮川爲太門山在安城爲青龍山至木川
之北爲慰禮城聖居山阧立連天又逶迤爲公州東
嶺天安廣德禮山金烏山保寧烏栖山洪州龍鳳山
德山伽倻山止于泰安白花山首尾綿延如屛帳如
城郭如藤蔓瓜瓞最爲綿長通計其逶迴屈轉殆千
有餘里此爲忠清一道東西横亘之嶺脊而我国支
龍之氣盛而精聚者也兩山並馳中必有一水兩水
夾行間必有一山川長百里山亦行百里山長千里
江亦行千里我国之水最長鴨綠豆滿與京城之漢
江其次平壤大同江安州清川江尚州洛東江又其

次臨津江繞松都碧瀾渡環海西昭陽江挾春川靈山江抱羅州琴湖江控大丘至若晋州南江順天洛水全州栗潭忠州達川者指不可勝屈八路之中最為名勝者湖西之錦江水其源有二在南者文義之荊江在北者清州之鵲江合流于公州為錦水西轉于扶餘白馬江南過恩津江景林川南塘西注于庇仁沃溝之間為古群山之大海其源流之長盖五六百里荊江之源南自長水鎮安而發過茂龍永沃之界東會于青山報恩之水而為荊江一名楚江也鵲江之源東出於鎮川清安西會于鵲川西出於全義

蔚岐東會于鵲川中出於木川者合九溪四川南為虎溪南入于鵲江大抵山水配合風氣聚會故行龍悠遠大江襟抱為名都雄府離嶺稍遠巨川環回為大村吉基而亦必以山盡水會處為第一奇格擇里卜居之術來山不可取短促去水不可取虛濶龍短則力弱水走則氣泄山雖高而無大川則乾局水雖深而無高山則平洋千仞窮源之峽萬頃沮洳之野豈有吉地明堂乎坐山高秀朝水淵紆其地吉山來而有氣水到而有情其地吉山來既遠更起精神高聳插雲則其氣盛而水合襟收斂局勢留住關闌

其氣蓄衆山環擁衆水湊會其氣聚背山面水高燥
爽朗其氣明地勢向陽日月正照其氣溫天光四圓
星辰滿耀其氣和山秀而石聳其氣壯山明而沙白
其氣淸土潤而泉甘野圓而地平其氣蘊結作完其
應富盛力量大其應長遠擇得如是方謂吉地我国
地勢團作一局白頭玄武智異朱雀豆滿靑龍鴨綠
白虎鬱陵島爲左輔半洋山爲右弼三面大海爲襟
帶護從漢拏山爲朝案對馬島爲捍門紅衣黑山可
佳等許多洲嶼爲羅星渤海爲得日本爲破所謂坎
坐离向申得辰破者也朱子曰北冀都天地中間好風

水是則曰朝鮮天下東頭大明堂古人云我東地勢如人形有拱揖中州之象故自檀君以來皆有效順事大之義竊想地形白頭〻盧項〻長白肩金剛五臺脊關西海西爲兩臂嶺南湖南爲兩股關北嶺東背也畿湖爲腹心〻〻非人形之要地乎凡背山臨水何處不可居而第以我東八路次其高下關北太僻關東太險兩西兩南可謂邊幅惟腹心之畿湖爲可是其漢陽爲輦轂之地繁華全盛無容議爲外峡而爲畿內諸邑迫近京師地瘠而俗澆又不如湖西之信美湖西地勢北接畿甸南通全慶有巨嶺橫

亘於東西自報恩俗離至泰安白花如龍髻鵬背如峰腰鶴膝忠州洪州等數十邑在嶺之北清州公州等數十邑在嶺之南道內之地方五百里木州居中央北東之丹陽北西之泰安西南之庇仁東南之黃磵俱爲二百五十里此爲一路四方道里之均木之爲州竊而邃高而敞正當湖西清淑之氣北而素沙之大野南而錦水之長江東而四郡之絶峽西而內浦之沿海濱海則潮濁依峽則山險臨江則地湫近野則土薄惟木左綰桑麻之峽右通魚鹽之海前挹長江後控大野亦一中國之宛洛宜五穀木綿秔稻

衣食鄉家塾相望講業成俗亦曰文士鄉自素沙河
上南望而見之則慰禮聖居峥嶸崒列立於雲霄
庶幾有隱君子山氣峻茂水勢明麗故自古有形勝
之跡在漢太祖時爲馬韓国之北圍在漢成帝時爲
温祚都之南甸中爲百濟之木嶽郡後爲新羅之大
麓郡在高麗爲木州有五姓之抗節至我 聖朝縣
號木川其山川疆域姓氏人物皆可攷故載在輿地
勝覽曰木州形勝羣山擁後四水并流大麓志跡而
詳之爲邑之掌故有曰如慰禮聖居諸山擁後四川
并流至東南清州界合流爲都水口號并川風水家

以爲奇格盖木州地形山分五枝水注四川五枝環
抱四川都聚其環抱都聚之地〻名并川此之謂堪
輿之奇格余所以卜居于并川也五枝之山皆祖于
安城青龍過峽于糞墩峙大起爲縣北初境曲澗之測木
山嵬然作腦是爲木州之主峯遂開帳分二支其東
枝跨石項嶺爲鎭川界之萬弩城其西枝過扶蘇門
爲稷山界之尉禮城如人有兩肩高聳萬弩之脈南
出爲瑞雲山吉祥山夢覺山臺山過水踰峙西轉爲
清州界之徐林山又西爲寶蓮山至鉅門城而止尉
禮之脊西出爲聖居山望日嶺留王洞爲天安界之

九折嶺又過鷲巖山闕峙嶺爲全義界之高麗城又東轉爲氷項嶺栗峙嶺爲清州界之萬景臺又東過牛項嶺爲沙汀桃馬山與鉅門城交掩如人之兩手拱揖爲水口捍門下有龍湫深不見底都處木州之水是爲木州之尾閭然則鉅門城爲東枝之頭桃馬山爲西枝之尾木州疆界盡在其環抱之內周回數百里圓滿如車輪而并囊括清州修身之坊修身古木州地也東西兩枝之內又各出一枝重抱兩枝之內如蓮花半開如飛鳳翼抱其東內枝自夢覺出爲銅城山又南爲聖住山過老隱堂爲芝臺山壺項嶺

側木
姑射
鳳凰

壺嶺之南即余世居之萬花村又南過九里項特聳
爲白雲山而止白雲一名南山其西內枝自留王出
特立爲黑城山黑城之東即本縣之邑治又南過雲
坡山東爲細城山屯城山至長命山而止與南山相
過爲內桿門周回百餘里之地又在其重抱之內其
中枝出於曲澗之南雄厚高大行龍三十餘里爲鵲
城銀石而止銀石之陽即并川也本邑四川其原最
長者出曲澗南過鯉魚潭女妓湫又南過伏龜亭又
東迤爲栢田溪東過嘉樂岩東會于并川南注清州界
爲長命川東滙爲龍湫南回爲虎溪入于鵲江源出

石項者南爲葛田溪過兪溪礌溪桃原德星浦又南過大樹里西會于并川南注長命爲龍湫虎溪而入于鵲江源出黑城之西者過昇天橋南繞德岩山東過朝陽里東入于長命源出夢覺之東者南過落水岩西抱同德峯又南過萬花村西入于龍湫此所謂四水并流也其餘小溪若山方溪之入于龜亭佳木溪之入于蓴池門達溪之入于嘉樂者甚多此所謂九溪合流也盖衆水都會故號并川亦名九溪九與并方音相近山之五枝銀石居中水之并流九溪爲大欲擇山水之佳盡於此求之九溪之陽銀山高秀其

来脉出於曲澗測木之山雄厚重疊得氣最盛爲古
耶城圓寂山爲鸚鵡峯鳳凰山右挾梧桐里左開桃
花洞特立連空盤據乎一邑之中央者鵲城山也遂
過峽于佳木嶺便聳身突起爲萬丈尖峯高插雲霄
峻拔明麗是謂銀石山即九溪之鎭山其爲山也如
龍飛鳳舞如貴人端坐舒翼而障北列錦屏帳恰受
元氣之積翠當心而阡南作冠帽峯包成全體之端
嚴遠見則入帳貴人近見則出帳貴人又東降而東
氣于鳥谷又南聳爲鳳凰嶺一名鷹峯又號鶴岩高出
半天即九溪之主星又由鵲峙而下至初谷爲平地

以通大路遂南出爲平岡圓墩如金龜曳尾其下因
作平陸坦然而廣恢然而大正田千畝繩直矩方展
鋪如茵褥圜以太陽之曜挾以太陰之暈望之似露
執之則奥望之似偏執之則包此爲窪中之突突中
之窪兩川襟合以収脣纏餘氣大張局勢軒豁爽朗
可置萬家即九溪新基子坐午向之地也栢田溪右纏
四十里始見於申地是謂申得葛田溪左繞三十里
暗拱於艮地明拱於卯地是謂艮得并謂卯得兩溪
合流南注長命放于白雲之南此爲午破自子坐新
基回頭北瞻則鳳凰嶺爲小祖峯冠帽峯爲中祖峯

銀石上峯爲太祖峯三峯列立於壬坎之方如天柱玉臺如高牙大纛如華盖雲車衆笏花葦亭亭屹屹鬱鬱蒼蒼布絡星辰蓄泄雲雨石白如銀汝明如雪土色精潔陽氣蓄聚使人心目開朗可知爲名山吉地以本身龍虎言之則自鵲峙東出者過剡溪里爲龜山峙在於左自鷹峰西出者過三峴爲嘉樂岩包累於右自鵲城東出者過松林洞爲勉菴峯放開而向上自冠帽西出者過門達院爲石隅峯重疊而衛內以面前龍虎言之則左有聖住山過炭手路隱臺爲倉嶺山波瀾橫岡又爲排衙形過西子洞爲白雲

山如飛龍上天右有屯城山過峽于牛角洞為龜尾坪
橫琴卧牛又為銅魚形又為銅魚形越四甲坪為長
命山如走獸藏林此所謂龍擧頭而仰虎垂頭而俯
又曰青龍主文才官業白虎主田宅雄豪所謂龍與
虎高世代富貴者也以案對言之水口午地有新南
山一名臺岩負南而面北圓峯羅立向九溪而獻媚
者為前案所謂生卯森羅於眼前臺岩之南有牛項
嶺兩角高而中央低者倚疊橫遮為第二重案又其
南有桐林山崒嵂繹纖蒼翠連天者為第三重案以
水口捍門言之鉅門金城為象獅棹峴環湖為華表

沙汀溪上有龜蛇捍門慈花谷裏有日月捍門以明堂局勢言之四山環圍野勢寬敞北有勉穿龜伏之坪南有魚居龜尾之坪東有大樹屯城之坪西有三峴嘉樂之坪中央是兒起野之坪通爲一大平陸如金盤奉水方而且圓濶而又整以後龍星峯言之測木魚頭之龍起伏蜿蜒如波瀾滔天在壬坎之方是爲漲天水星圓寂鵲城特立突兀爲衡天木星銀石上峯尖秀奇妙爲連天火星障北之錦繡帳爲障天土星拜南之貴人峯爲太陽金星會隣集谷者爲武曲水星聳立鳳嶺者爲輔弼木星自鵲峙倒地者火

星出為平岡者土星下為圓墩者金星子坐之陽基
應於水星此為五行相生之格又瑞雲山為水星国
師峯為木星白雲山為火星細城山為金星在乎甲
庚壬丙之方照應於九溪平陸之戊巳土星以水勢
星體言之葛栢兩川屈曲朝堂者水星東西橫帶正
面拖村者木星左右交襟汲納稜尖者火星為湫為
潭平鋪渟瀦者土星東遮西轉圓圍彎回者金星之
玄去水鏈屈蛇蟠者水星亦合相生之格以坐向得
破言之子坐為旺方坐申得為生方得午破為太陽
胎破又為三歸元破當出三公兩水之內非但為左

旋亦可謂右旋以右旋起胞則子坐爲官祿方葛溪
之九曲水見於卯地卯爲生方三峴之骨肉水出於
亥方亥爲旺方且子午乃天地之正位坎离即陰陽
之配合故子坐天地不可易之位离破陰陽不相財
之格且塔洞有朝堂水聚于寅屯城有平田水會于
辰初谷上下有活泉湧於癸爲襯身水三峴左右有
源泉流於壬與戌合注于骨肉水然則坎坐之壬寅
戌离破之癸申辰俱合於中男中女配合以砂法言
之銀石三峯爲三公華雲住山爲華蓋細城山爲幞
頭萬景臺爲掛榜砂屯城峯爲金印砂龜尾岡爲橫

琴白雲山爲誥軸門達峴有蛾眉砂龜尾坪西母洞有進前
華芝臺山如旗幟秃亭山如鐘鼓所謂左鼓右旗桐
林山爲驛馬應天山爲天馬臺岩卧斗畳住如步階
所謂上馬臺下馬臺新南羣峦上尖下圓羅列滿眼
所謂銀瓶盞注富如石崖龜尾麓爲玉帶砂卧牛閑
爲銅魚形所謂玉帶金魚貴如裴度貴人峯爲天乙
鵲峙龜山爲太乙皆秀拔聳立所謂天乙太乙侵雲
霄當朝宰相桐林之東麓徐林之西枝亙結如犬牙
羊腸飛蹲萬状所謂禽星獸星遍水口積代雄豪大
凡堪輿之法必貴翻身逆局回頭受水以其發福之

緊而如此正幹真龍直来直作順受作向者以其左右得水發福尤大也銀山龍脉至此而山盡栢葛大川至此而水會龜尾逆水之砂開面緊護合水之汭氣結留精此非明證乎新羅時有僧道詵精通術數入中國受業於一行禪師其還也遍觀東國山水占擇吉地有所記錄世傳謂玉龍子秘記其記有曰鵲城東峯下有萬家垈鵲城者山名而銀石亦謂之鵲城何以知其然也輿地勝覽曰邑東五里有鵲城山今本邑飛龍里即古邑址也飛龍東五里即今之銀石山而古稱鵲城故鵲城祈雨壇今在銀石之頂其

下有朴尚書文秀墓李相公宗城題其碑曰葬在木川鵲城山銀石云者不過謂佛寺之名不過謂寺下之洞名村名鵲城云者乃銀石之統稱山名也古所謂鵲城即今之銀石々々之東鷹峯特秀玉龍所謂鵲城東峯指今之鷹峯也無疑鷹峯之下有此九溪大基局則所謂萬家坐指此新基也亦無疑又玉龍記曰立石之下玄水之上有金龜曳尾形或曰成居士之記成居士者亦為玉龍之言者也或云立石之下九溪之上或云銀石之下長命之上今見丈人石立於勉富坪九溪圓墩如龜形而有尾長命水口如

玄字九溪之合襟如玄字是謂玄水也無疑九溪之上舊無人家曠然爲空地俗眼着過者恍惚蒼茫不可摸捉玉龍以来千有餘年無有一人占基者古補兒起院在大路傍故號兒起野尚見斷瓦之往々在田中近古有相山者田光啓云此地當設雄府湖南曺地師云人字路下人字水上爲大地蓋此地上有人字大路下有人字大川諺傳唐人過此云日用萬金之地倭僧過此云文千武萬之地若余肉眼也瞽於陰陽五行之書又不識方向而只愛山氣之佳自石項鵲城遵岡上下者屢矣去癸亥春自湖南而還

築室萬花猶戀戀于此地盛夏五月又來觀于此心口私語曰銀峀松青氣籠葱鬱鳳嶺次白地脫查滓向陽之坡可種花園濱水之堤可成柳陌初谷巖泉之巒足營山座嘉樂水石之勝合起溪亭山宜採溪宜釣郊宜牧田宜圃鑿泉宜汲引流宜春盤桓豆壠之間遇雨而歸其夜大霔水東市民之居圯於漲移築於余所盤桓之豆畝旬日間便成近百戶之大村余之心口私訴可謂無聊其後又與南威鳳柱金友縣淳權友常祿有所經營每欲同開結隣美適余三從氏昆季自湖右青蘿洞還歸于木謂萬花故里來

免湫隘移卜亦可見此九溪曰儘美哉山氣葬佳水
脈鍾吳南北長谷旣合于格人物都會亦云可居乃於
丁丑冬其季一豐先倡搆屋全亦開基而上樑明歲
戊寅春吾廬成三從孫顯基又接廬其秋三從兄達
屋又明年全仲兄籌室又宗族姻戚次第成隣不過
三四年洽滿數十戶通訐門前市民之家可謂通邑
第一之大村並川之歸始膾炙於遠近矣嶺南人全
萬基地師之雄久客關東隆全開基之日不期而適
來裁決坐向以山之三重爲主爲第水之交會爲帶
爲襟曰居此地者貴可一品富可千石非獨止此將

為千戶大村其餘過客歸僧皆以是云云李時華之言曰名山之下丙南作局為飛鶴飲水形止于丙水內氣不得外泄生龍之頭旺氣所聚吉形已著吉運方回未滿一紀當有科慶自後連榜疊發李竹為籬民屋滿地百年則可至萬戶文章才士代不乏絶賢人多出富貴綿長大吉之地又有占龍望氣之人云一紀少發百年大發桐林山氣聚入于此則富貴隆盛無限吉慶第以地家之所紀載者論之帝垣紫微在壬癸之間北辰居焉天市在艮震之上太微照丙巽之位少微臨庚兌之方皆天帝之行宮星之所臨

其氣宗吉故子爲北辰而子方之鳳凰嶺得其中正紫微垣下應亥地門疑院半月峯峙在亥方九里城在艮徐林山在震上應天市白雲山在丙倉嶺山在巽上應太微細城山在庚鷲岩山在兌上應少微皆吉星也又曰巨輔之方有山秀出大水出入文出輔弼之臣今此子坐之基坎爲輔弼乾爲巨門銀石秀於輔弼之方銀粟聳于巨門之位曲澗石項之川皆自輔弼而來銀石銀粟之間果從巨門而出所謂有山秀出大水出入又曰巨輔之位山高而秀水瀦而澤主聰明貴壽今見子方之鳳嶺銀石乾地之半月

星飛龍且高且秀坎來之鯉潭磻溪乾地之門懸陂池
或瀦或澤皆在巨輔之位又曰巨輔之方水之來去
皆吉來猶諸侯之朝貢去猶天子之須賷今見水勢
輔弼而來巨門而出其來其出皆為吉又曰巨輔之
方有丫角筆峯兄弟甲科姓名連今見銀峀銀岑俱
為筆體又曰巨武得貪狼得為大地貪狼主財帛武
曲主子孫巨門主貴顯今此子坐之基乾之三峴水
甲之葛川水為巨門得坤之栢溪水乙之藥泉水為
武曲得巽[illegible]之(壬辰六水)貪狼得相合則財帛子孫萬貴顯之
象又曰六秀三吉俱備者上格今見震之徐林庚之

細城亥之半月。兊之鷲岩丁之萬景英之宝蓮[illegible] 爲三吉
圓艮之九里丙之白雲辛之象王爲巽秀此爲上格
又曰朝案之在前者爲龍樓尖秀者爲華圓秀者爲
簡圓而小者爲玉印方秀者爲笏方而小者爲金箱
走延者爲旗頭高者爲馬連接者爲羅星今此吉形
皆在朝案之間又曰大富貴之地水口或十里或二
三十里重重關鎖今此水口自臺岩至虎溪數三十
里山如犬牙谷似羊腸屈曲旋轉不知幾折所謂水
口關闌不動風者也又曰三陽要寬平顯敞謂明堂
之内陽中陽外陽貴之入格者不在案外而皆在龍

虎之內今見倉嶺白雲爲龍龜尾長命爲虎則明堂
三陽可謂寬敵之極又曰丁爲驛馬有峯巒則登科
富貴又曰丁爲南極老人星春分見丁秋分見丙有
山高出則子孫長壽所謂丙丁峯高秀壯元及第者
也今見萬景臺萬仞峯高秀於丁白雲山萬丈峯高
秀於丙皆合其吉又曰丁見窺峯學士多出今見萬
景巒頭窺出於銅魚背上者爲奇格又曰甲庚丙壬
之方太陰金星相照則男爲駙馬女爲宮妃今見甲
之國師庚之細城丙之白雲壬之銀石正是太陰金
星之相照又曰子午有峯則是爲日月峯 主大貴今

見鳳嶺桐山為子午日月峯又曰貴人峯高聳乾位則為貴叅天柱主極壽貴今見半月峯如玉女端坐黑城山如武公特立皆高聳於乾位又曰午為天馬艮為天市天馬峯見勒馬回頭則主出使邊方威武烜赫天市恒見龍車拜下則主文章封公秉麾軍民今見桐林山有勒馬回頭之形聖住山有龍車拜下之象又倉庫方山在於丁地雙鶱四峯立於丙方天馬朝山自午向子寅申兩水夾回朝入所謂馬上御街主貴近帝王秀才壯元且天馬與驛馬為交馳馬一馬左高右低一馬右高左低正合其格主兄弟叔

佳連科第紫又曰北辰之位石山高揷岩𡵓突兀上
格貴龍方有此應今見銀石高揷鶴岩突兀俱在北
辰之位又曰山以石爲骨山不可無骨而惟忌其露
凡帶土者非露也今見銀石鶴岩皆結爲山嶺帶土
融聚則不可謂露骨也又曰寅方有秀石則貴人生
今見塔洞之立岩秀如圭笏又有七星岩三台石棊
置星羅皆在寅方又曰申方有石則速成速發今見
嘉樂岩層臺疊石列立騈起皆在於申地以其爲內
虎之頭故於坐基藏而不見所謂鷙鳥猛獸之將發
必先藏牙縮爪者也又曰真龍之最吉者左右枝脚

亦起星辰帶貴氣好砂列前者是客山衆人所共其在本身枝脚者最用親切不貴其見貴其不見正如金籍玉櫃藏在座後而珠貝玩好充溢其中今此銀山肢脚左右分列矗矗爲星峯吉砂如龜山鳥谷之可見者居少如佳木洞竹林院九鶴洞蔡相址之不見者居多又曰巽巳主文筆坤申主財帛今見仙人跨馬正在巽巳文章名筆代不乏絶之家天財星峯正在坤申財從天降食祿萬鍾之象又曰山朝不如水朝水朝不如人朝深山萬疊非不有朝山之奇而無大水之聚會則謂之窮源而無用長江千里蓄處

是朝水之盛而無通衢之往來則謂之僻鄉而不取
今此五枝衆山環擁于九溪而周回百里之間千峯
萬壑之水都聚于并川是可謂山朝水朝而謂不如
人朝者謂人氣之盛有勝於山水之聚氣今見九溪
上下四方有驛路交衢北漢京洛南縮全慶右通瑞
泰左達丹永驛角相屬冠蓋相望又開市於通衢貨
財之委輸人物之都會連衽而成帷側肩而成堵笙
歌簫鼓之音牛蹄馬足之響轟轟殷殷雜雜紛紛之晝
夜不絶可謂人朝之盛往者有風水僧性智者曰眞
脉之結如个字在中者爲正穴如芥蔓之在中節者

能結子其形局斂者世數雖小發應速其形勢大者發稍遲而世數綿後龍骨力雄壯則必生喬嶽大臣相業可觀今見鵲城乃本嶽之中郎爲兩大川所挾旁不得橫走前不得直去上聳而高大其氣使然此可謂形勢之大而骨力之雄壯朴尚義之言青龍有排衙則主貴朝山豐滿則祿厚穿地見五色土則最吉今見芝嶺倉嶺在青龍之方果有排衙之列立桐山豐厚無刻削之態穿地果有五色之土華人杜士忠之相山必先定入首曰山脈所落入首爲重此地乃壬坎之龍寅甲坤申之得午地之破則入首之以

坎果合於淨陽之法且寅為陽木午為陽火申為陽
金子為陽水艮為陽土則亦合於五行之法而陽山
陽坐陽得陽破入首之以陽者豈不奇哉說者曰銀
石山端妙秀麗如貴人元帥儼立於垣衛帳幕之內
四圍衆山環護而照應東頭陀山西廣德山南鷄龍
山北德毋山坤武城山乾藝岩山巽上黨山艮堯舜
山八大名山周回五百里三千粉黛八百烟花羅列
暗拱萬代榮華之地又曰并川十里中闢明堂之野
野盡而山擁山盡而又野北有車次大野東有鎮川
長楊之野西有天安豐歲之野南有清州朝天之野

此爲野中之山〻中之野燕岐元帥峯文義芙蓉山爲捍門遵受荊江之水恩津江暑林川南塘爲中捍門遵受草浦汝橋之水庇仁馬梁沃溝古群山爲大捍門都受扶安邊山以北之水相遇於白頭鴨綠以南之水是乃長遠無窮之地難之者曰銀山之脉雖云吉龍不能開帳而回抱虎雖重圍花嘉樂岩龍來緊挾於勉案坪南山可謂背立水口未免稍遠是爲欠處俗師之見滔〻皆是余登銀山揆以臆見參以理勢山之無氣者低山之有氣者高此山胡然而高也石者山之骨水者地之血脉草木者土之毛髮也

銀山萬仞高聳石腦則既有骨氣而林木蒼鬱則不
可謂童山兩川交會血脈鍾聚地形蘊結土色精白
風氣爽朗陽氣明潔寔非偶然凡陽居之局大者力
量甚巨不以窪與短窄爲奇如數三家殘村之區區
結局此山既是三峯列立全體回抱又何必落脈到
頭之地迫隘開帳狹窄回抱使其無用之土石蔽遮
後龍不得見祖峯之氣勢乎全體開帳大局回抱者
所以爲萬家坐靈爲地軸則重重包裹固也龍作天
關則向上而開豁以受朝堂之水亦宜也譬如射者
一手執弓一手引弦然後可以正已而發至求箭箭

中紅心如使龍虎左右緊挾則不過爲山谷間小村何由而得九曲之吉水何由而見許多照應之巒頭乎南山雖若背立此乃水口之捍門捍門不可不有氣有氣不可不高峻如使巉岩崚嶒者抗面而當頭則殆同豪奴悍僕之頑不受制故造化開闢之初故令避順屈退於所尊之位有畏縮不敢抗之意如守門猛將起立向外若虎豹狺狺頭以捍外背以衛內者也水口五里雖似稍遠較諸得水固爲未長去短如使巨嶽迫近關鎖則未免隘塞山聚水會雄厚奇壯之氣將何以鋪張斡旋於其內乎如許大局水口

五里不是稍遠而況龜尾土墩橫障於面前如飽食而腹果者爲內案使不見長命之去水有曰高一尺而爲山低一尺而爲水則龜尾之墩可謂百丈之山此案爲咫尺之水口凡爲物最巨則結作排布類皆稱是區區肉眼何以辨魚目明月乎所謂玉龍之說果不虛矣使玉龍無眼則已玉龍而謂之有眼則此爲萬家塋明矣凡爲大地人不易知天地藏秘鬼神呵護必待主人杜后無齒待周王而生鉤弋手拳遇漢武而伸天藏吉地有待於今日耶其亦異焉哉大地名山必有後帳之洞天必有水石之勝界亦必有

先賢棲息之所君子嘉遯之跡無此非大地無此非
石山銀山之腹有一區洞天抱三韓古寺樓觀壯麗
廊寮塔刹甲于州界今則殘敗殆無餘存豈出乎彼
者將衰而入于此者將盛耶東有竹林書院卽朱夫
子安靈之所在昔寒岡鄭先生愛其水石之清奇築
講舍而開基得石刻竹林二字與朱子精舍之号相
符仍以爲竹林書院縣儒建議享朱夫子請于朝額
曰道東以寒岡先生及濯纓金先生柯淺黃先生從
祀遂爲士林藏修之所豈遊四歸未吾道在是耶余
先祖恭守公布衣時讀書于銀石山有遺蹟嘗有詩

曰水繞萬田龍屈曲山連銀石鳳飛來九溪山水即
此十六字傳神自參宇公至吾先人晩華公連六世〻
業文章皆讀書于銀山有詩社遺蹟事載大麓誌吾
柳氏有緣於此土歟惟久矣余自萬花移居于高山
之巢龍里五年而還又移于漢京之貞陵洞二年而
歸三遷而卜居于茲其亦有數焉否木州山川大抵
多古跡非若剩水殘山之尋常沒〻有若萬弩城者
新羅名將金庾信之遺堞慰禮城者百濟始祖解溫
祚之故都聖居山者高麗太祖駐蹕處見山上有五
色雲以爲有神而祭之遂稱聖居我太祖世宗幸溫

泉時又榮之 九里城三韓時農城細城山三国時農
城基山三韓王晝站處西林山徐林將軍守城之地
鯉魚潭孝子徐萬叩氷之地伏龜亭有尤齋宋先生
陶庵李先生筆跡及栢谷金先生題詠磻溪有鄭寒
岡僑居之址兪溪有宋尤齋石刻之字朝陽里有士
亭李先生亭基其南梧桐林有節谷金處士之鄉祠
桃源有金洗馬避世之跡細城下陶潛洞有黃梼浅
遺址栢田溪有金忠武公射鮫墟徐林下永道里有
金躍與登第慶宴時懸鼓樹同德峯有十六義士討
賊之跡雲坡南德岩山有清風講舍題詩石文字安

重瑯刻曲水流觴四序萬花北有英僊臺即余先君子遺志搆數椽茅棟為藏修許太守權晙名其地曰洗硯池鵲城峯有古城壬辰亂李洗馬松潭公與鄉黨家僮八百守隱避寇盖南師古所謂十勝地之一瑞雲山望海庵有主簿李公擒倭之跡環一邑山〻水水無非可居而號稱三千六百戶有金李柳尹韓黃等諸大姓住焉無有一區閑地可以移卜而今吠九僕新基居然成村其亦幸矣全地師萬基自言十年看書十年踏山十年作事十年經驗首尾四十年老於堪輿而猶云如此吉地實為難得余與全師為昔

年知舊而所居落落無由逢着及此開基之日不期
而來事不偶然者一李師時華素昧平生今夏五月
始來于此輒曰葛川之迫入為穴處地氣所旺水必
却流今年(明)內有(必)驗果於六月大水葛川東從水勢葛
拖事不(南)偶然者二舊有雲橋市在十里東長命市在
五里七十年前雲橋市移于并川三十年前長命市
合于并川今則并川市遷入于兩水之內為人朝之
盛事不偶然者三魚居曠野漸成長林留住下水之
氣此亦非偶然余之所取者愛此石山之秀叢衆水
之聚會名村曰九溪名堂曰石南其意有在司馬子

長世家龍門蘇子瞻生於峨嵋文〻山所居對文筆
峯杜子美卜葬錦城山浣花溪故其文章特絶萬古
桐栢山前淮水側董邵南之村蓮花峯下溢水上周濂
溪之宅故其行義之高德業之長名於天下且如吳
伯宗陽基前朝七十二峯果出七十二科第張眞人
陽基前對琵琶山所謂錦琴泠〻五十絃故相傳四
十七世富貴全貫鄕高興也高興山脈阡入兩甫間
共過脈處東西不過數百步直南而行龍斷大兩山
斷處爲八影山畫畵之峯巒至九十里楊柳洞遇海
而氣積爲寒泉里陽基其應甚大故吳祖信菴公身

都上相二十餘年名公巨卿代不乏絶余九世祖司
諫公墓在楊州洪福山以筆峯山爲主山以道峯山
爲案山以三角山爲朝山其奇形異狀如牙笏盈床
如軺車塡門所謂文筆插天滿庭學士故三世而茂
應至余六世祖恭宇公一室之內父子兄弟叔侄以
忠孝德行文章科宦炳耀於一時監役公韋布屈駕
忠以錄券進士公爲母死難孝以旌閭參議公登生
進兩試文科及第爲玉堂校理記勳超資都事公爲
文科說書辭吃公登進士及第歷玉署湖堂春宮侍
郎當品副學位至乘軒汝上公登進士及第文科重

試歷三司東壁朝天書狀宣武錄勳官至銀臺衛率
公薦季坊南臺又樹立名節廉贈吏曹參議虎山公
登進士及第文科重試爲湖堂修撰恭守公登進士
及第歷翰苑春坊玉堂銓郎經筵侍講湖堂賜暇宦
至檢詳舍人於于公登進士甲科文科壯元爲春宮
遁列扈衛銅輦爲帷幄極選起居天將爲繡衣御史
遍行八路爲奉表使臣三入中州爲節制方伯爲中
書都令爲天官亞長金吾推官勳府堂上兩館提學
七局提調竟以節義襃贈吏曹判書諡曰義貞副正
公德純學博讀盡天下書薦童蒙教官歷郡縣守宰

諸司長官卒贈大匡輔国崇祿大夫議政府領議政
兼世子師興城府院君吉地之應不爲無據余五世
祖訥汀公贈秩通政大夫左承旨余高祖梅軒公亦
贈左承旨經筵叅賛官梅軒公晩年始卜居于萬花
時有碧眼居士者曰此地當出小科三人余曾王考
瀛洲公生曾祖贈叅判公與曾大姑夫都正南公得
進士而止碧眼之言已驗矣余王考府君三昆季經
明行修卒老于窮余先君子詩名滿世間德行化鄕
里十中貢解三入薦剡終未得一命茹荒而下世又
萬花一堂之内大小解額七十餘次尚未得科慶吾

門之替極矣今余墮落家声不肖無状昧魚魯之辨强欲擇地而居其亦妄矣然地之爲吉必待吉人〻苟積德何患乎吉地之不得抑將九溪之地運方回而先人之積德有待耶經曰山爲積德易曰積善之家必有餘慶歲之辛巳陽復月上旬日石南居士記

道東書院重修講堂上樑文 丙申

吾道益光於海東東來既設妥靈之廟 多士 斯文咸集歸於川上北學聿修肄業之堂銀山含輝粉袍墻彩窈以縣蹄木岳地名竹林海東左禮義之鄉文明朕鬱湖西清淑之氣磅礴蜿蟺可愛其水石清奇古稱多忠孝志行三韓

華族重儒道之藏修萬曆明時祠書社而開拓天地
慳秘異哉刻石古鐘之形字畫分明同於寒泉精舍
之跡滄波海眼雖是萬里之相懸秋月潭心宛爾千
載之來照曰其地而想像既有卧龍菴古觀建是堂
而明禮宜遵白鹿洞遺制語其道則貫以一徙而祀
者蓋之三寒岡大賢躬承退陶之嫡統濯纓正士親
炙佔僤之函筵鄭剩馥於囿梅卓乎壬辰乱之倡義
揚直聲於史草賢哉戊午禍之成仁擇仁里於一曲
礀溪易籌其地求道村之千年柟樹懸鼓是名流水
吞聲想見巖閒之筆跡臺山閱刱表證墓前之碣銘

道德學問之淵源文章節義之標準況又此土之朽淺微士儘是斯門之精深工夫喪祭冠昏既著疑禮之問解風雨寒暑不廢先墓之廬居沐浴齋討之章早奮芝函之守闕高尚肥遯之志終觧蒲輪之招徵儒之居贅之居家之居皆可鄉先生榮社地以美人以美德以美便是門弟子升堂繼以縣儒之陳疏遂有聖朝之宣頒備院儀而參今酌古講道脈而繼往開來望闇蒼壼如聞武夷櫂之歌曲圖歷方領寬見孔子像之奉持其香始升鼎細烟於茶竈如水在地揔洞酌於檜測西壁位牌就燉燭軒之確論東來侯

札傳誦艮菴之野譚縣誌刊輿覽之鐵編院藏載樑
懸之綺語山長鄉長之宿望韓聯士大夫之名門栢
翁蒿翁之閣詞翔續詩將軍之健筆千秋百代覽矣
哉學官五樑七楹翼然乎講舍經寔閱暑漸致棟宇
之咸傾上雨旁風益覺棚楹之剝落籩豆奉幣之日
拜跽之筵莫周葺布橫徑之時揖讓之位多仄吾黨
久講討之席後學缺刮劘之埸故老爲之咨嗟諸生
莫不慚惜乃有太學士宜寧南相國先許位版之改
倏何幸知縣事達城徐使君自辦神室之增葺惟斯
堂重建之役李本院凋殘之餘政不擾令不煩允矣

地主之區劃誠所到力所及宜夫齋任之經營連雲
合抱之材長梁已聚是月納禾之暇庶民子來無侈
度前人後觀律遵旧址執刀鋸左趍右走傭僕諸工
豈但事須其人方知時并有欂櫨侏儒椳臬居楔
各得其宜墻垣階砌塗塓丹青并將俱備圓者方者
平者直者聳々齊々翼々崔々林之筭之豹之豚之
陵々堂々閣々崔々峯雄樑而齊声聽覌而之唱偉
抛樑東鵲城霞氣日輪紅欲將吾道遍滄洲付春在扶
桑坐了風抛樑西銀岳参天樹影齊藹々吉人和集
衆梧桐千仞鳳凰棲抛樑南龜山屛擁送晴嵐桑麻

雨露明開眼雲影天光九曲潭扡棵北山近蓬萊雲
五色庚戌千年聖運回休明治教朝鮮國扡棵上五
星聚璧文昌朗人生々老太平時甲子上元如指掌
扡棵下繞桃山泉聞雨處老作人間快活年家々有
廣三農野伏頣上楔之後儒風日振士學雲興於是
于々維掖之元堂以之業々雕甍之彌谷所學則孔
孟顏曾冉閔其文乃詩書禮易春秋行見六藝之身
通皆學三物之首選士著之依仁據德學作東西班
賢相朝著之論道經邦宰由左右齋秀士有為之學
全精而玉鍊可見一國之興仁無疆之休嶽峙而海

涵憂卜萬年之維永

祭三從兄庸齋一泰文

維丁亥十月七日己卯即三從兄柳公大朞之日前一日戊寅三從弟某爲文哭告于灵几之前曰嗚呼人於世間物之最灵才苟出人物表亭亭譬若瑤臺祥雲景星吾柳得姓始于瀘陽愈久炳琅世業文章惟公抱負夙吟詩書眉目清瑩容儀玉如青出藍鄉緯號神童弱冠西笑馳譽洛中謂摘頷髭易若反掌庠補連擢庭試嵬榜命乃仇謀終底濩落身世棲屑生理淡泊撤寓而還如葉歸根晩許花竹九溪新村

子雲之貪浪仙之瘦氣猶吐膏謂充宇宙盡日奉床
永夜書灯化翁多猜倚伏相承壇棣忽零庭蘭先凋
繼又歌盆鰥獨無聊鶴寤鳳飢憂慮成病既豐其賦
胡嗇其命天殘竟解人世已矣萬事楸原一杯蒿里
平生錦囊屬之誰人家〻屏幛墨跡徒新惟弟情曲
非止緦親自少追隨終南華社朝〻華上夜〻燭下
至密心緒合以聲氣德兼師友出入云謂耿〻依仰
晚又接履頭白相守冀以遐壽天胡奪速腸回臆塞
我昆受誨巧與繩墨今秋一解寔公之力撫念往昔
巴巴愧黃公之伯父魁解 兩場時我先考暨伯堂叔

石北申丈甝山李威會闈同席蓶雷名聲伊後周甲
公又大鳴東壹賦宋湖右翹英同年解額一門名下
曰啟曰兄山西一馬一之蕭侄我則爲第人言五柳
大家文體謝塘草青崑圍玉秀貪也非病多文之富
公在青春獨步倚馬三傑聯翩滿堂博雅十之八九
蓮桂俱榮爲世鴻儒爲世名卿唯公一人潦倒無成
以若聰明如是零丁未達而窮〻亦甚者非戰之罪
畢竟天也如公之賢何處得來雲悲雨悒浦思山哀
寂寞蕤露淒涼花樹向者勝遊同硏詩賦奇談善謔
孰不槃然公未業醋我愛吸川靈均獨醒太白長醉

證古酌今不飮無愧風流酬適無出公上酹以一酌
庶幾來饗

● 祭仲兄文

維己丑五月二十七日庚申弟琹操文哭告于靈几
之前曰嗚呼至哀無言至情無文弟而哭兄言不可盡
言旣無盡文亦可窮不言不文含哀茹慟如欲言之
莫如文字將欲文之未文先涕哀我父母生我兄弟
兄弟五人公是第四少公十歲我爲最季我生之時
親年耳順親年八耋我纔弱冠伯已回甲仲旣出后
叔氏第三不幸早世公獨强壯專任志養非不詩才

出人之上矣暇灌漑竭力烏哺駕御奴僕修治墳園

山樵水漁昕夕甘旨家雖屢空務極滋味科圃茹根

執鞭陪行百年故宅誓心扶傾根天之孝愛日其誠

使我父母晩年安享皆公之力鄉里稱之風樹罔慟

旁讓靡逮經帶負荷終身攝祭寔公宗德孰不欽艷

幹家飭躬旣勤且儉佑善者天俾享遐福抱子弄孫

偕老七十肯構翼然一門依仰夫何癃疾深入膏肓

積歲呻囈刀圭蔑效亂徑克孝竭誠愛護壁立之家

牲養爲志遐貴之味求無不獲難得之餌繼用不乏

倘或天意試其誠格奄奄朝夕七祠危迫跣足踏雪

稽首祈手彼蒼下感枯木回春命數所關亦無奈天
巧值难闈戴星而還幽明永隔究恨無窮念公平生
倚伏悠悠而冠淑配惜乎歇盈一珠瑩瑩玉折無痕
鴛絃再張嗣續乃繁克肖二兒後孫可期云何一女
城毀無兒公喪將終又哭公配枎婦窃痛爰卜同穴
謂有年忌權厝宅旁計將來歲三兆同扦氣亂叩呼
蹈地蹐天喪餘癃瘠何計藾蘩茅屋石田無復餘存
宜乎薄俗為善者怠我謂餘慶孺足可待一理循環
否極則泰有子有孫皆得孝敬門其昌大若苗有種
豈無食報以是為慰如弟情地言之悽悽粵自幼齡

荷公提挈躬代我勞使我術學父母愛我遺志公述
憐我飢寒憂我棲屑凡百周旋極力措揮弟乃無狀
棲宅分離湖南六霜漢北周星提挈妻孥往來奔忙
緣我病風使公着屢到晩相聚偏側鴒原一區花村
五畝斧川塤唱箎酬用期終年有酒同酌無酒共歡
豈意今者千古永訣慟深割出殆若孤孑身如萍轉
又僑北峽連歲無聊父子渡灞人間何樂萬事已矣
撫念往昔兩親俱在兄弟五眷充壹衍宇轉瞬之間
滄海桑田昔我髫髮今我皓首巋然獨存豈久人世
朝合泉塗與公相遇日月流駛終祥在明筵几將撤
魂夢莫憑非敢文之聊洩衷情嗚呼慟哉尚饗

159